Wolfgang Ratgeber

Die Börse:
Reichtum für alle
Erfolg durch Börsenstrategien für
Anfänger und Fortgeschrittene

AF138916

Bibliografische Information der Deutschen Bibliothek: Die Deutsche Bibliothek verzeichnet diese Publikation in der Deutschen Nationalbibliografie; detaillierte bibliografische Daten sind im Internet über http://dnb.ddb.de abrufbar.

© 2015 Wolfgang Ratgeber
Herstellung und Verlag:
BoD - Books on Demand, Norderstedt
ISBN 978-3-7386-2853-1
Umschlagbild: Skulptur des Bildhauers Dachlauer
vor der Börse in Frankfurt
Foto: Wolfgang Ratgeber

Inhalt

Die besten Börsenspekulanten

Liebe Laura,

in deinem Brief hast du mich gefragt, welche Argumente für die Börse sprechen. Ich übernehme zunächst die Rolle des Advocatus diaboli und sage, was gegen sie spricht:

Die Börse, welche ihren Namen einem nach der Patrizierfamilie 'van der Beurse' benannten Platz in Brügge verdankt, auf dem Händler aus ganz Europa ihre Waren tauschten, hat in allen Sprachen einen weiblichen Artikel. Sie ist eine sehr kapriziöse Dame, launisch und völlig unberechenbar, manchmal himmelhoch jauchzend, in der Börsensprache die 'Hausse', dann wieder zu Tode betrübt, in der Börsensprache die 'Baisse', rasch verschnupft durch politische Ereignisse, auch wenn diese auf der anderen Seite des Erdballs geschehen, immer neugierig auf positive und negative Gerüchte der Börsenkulisse, die sie mit steigenden und sinkenden Kursen quittiert.

Solltest du dich entschließen, mit dieser von mir wenig schmeichelhaft dargestellten Dame ins Geschäft zu kommen, hast du als Frau einen Bonus: Die Statistik zeigt, dass Frauen an der Börse im Durchschnitt mehr Erfolg als Männer haben, da sie sicherheitsorientierte Anlagestrategien bevorzugen, während Männer eher zu risikoreichen Spekulationen tendieren.

Anstatt dich nun mit einer Abhandlung über die Mechanismen der Börsenspekulation zu langweilen, erzähle ich dir lieber die Erfolgsstory der zwei besten Börsenspekulanten:

Benjamin Graham wurde 1894 als Benjamin Großbaum in London geboren. Seine Familie wanderte nach New York aus und änderte während des ersten Weltkriegs ihren Namen in Graham. Als 20-jähriger begann Benjamin seine Laufbahn an der Wall Street. Für 12 Dollar pro Woche schrieb er die Aktienkurse auf eine Tafel. Als 25-jähriger hatte er bereits ein Jahreseinkommen von 600 000 Dollar. 1934 schrieb er seinen Bestseller 'Wertpapieranalyse', in dem er die von ihm entwickelte *Valuestrategie* erklärte. Unter Berücksichtigung dieser Strategie investierte er 1948 ein Viertel seines Vermögens in die Versicherungsfirma Geico. Mit dieser Investition machte er in den folgenden acht Jahren einen Gewinn von 1635 % ! Während 30 Jahren erzielte er mit der *Valuestrategie* einen durchschnittlichen Jahresgewinn von 17 %. Aus 10 000 Dollar wurden 1 110 000 Dollar. Aufgrund einer Langzeitstudie über die Kursentwicklung des Dow-Jones-Index in den letzten 50 Jahren bewies er: Seine *Valuestrategie* hätte im Vergleich zu diesem Index den doppelten Gewinn erbracht. Von 1928 bis 1957 hielt er an der Columbia Universität Vorlesungen. Es gab nur einen Schüler, dem er im Verlauf der 29-jährigen Lehrtätigkeit die Bestnote

A + erteilte: *Warren Buffett*. Dieser machte bereits als kleiner Junge seine ersten Gewinne: Er sammelte vom Platz abgekommene Golfbälle und verkaufte sie an die Golfspieler zurück. Im Alter von 11 Jahren kaufte er die ersten drei Aktien. Ab 1954 arbeitete er in der von seinem Lehrer Graham gegründeten Brokerfirma.

Als sich Graham ins Privatleben zurückzog, sammelte Buffett bei seinen Verwandten 105 000 Dollar und gründete einen privaten Anlagepool, in den er selbst den symbolischen Betrag von 100 Dollar einzahlte. Dieser Pool erreichte von 1956 bis 1969 eine durchschnittliche Jahresrendite von 29,5 %; aus 10 000 Dollar wurden 150 000 Dollar. Mit Hilfe der von seinem Lehrer Graham übernommenen *Valuestrategie* machte Buffett die ihm vertrauenden Investoren zu Multimillionären. 1998 besaß jeder, der ihm 1956 10 000 Dollar anvertraut hatte, die stattliche Summe von 150 Millionen Dollar! Warren Buffet hat mit Aktienspekulationen ein Vermögen von etwa 58 Milliarden Dollar erworben. Die Aktien seiner Kapitalanlagegesellschaft 'Berkshire Hathaway' sind mit einem Preis von derzeit 222 800 USD pro Aktie die teuersten Aktien der Welt. Sein einziges Arbeitsgerät ist das Telefon. Er besitzt keinen PC, da er an den Echtzeitkursen der Aktien und den aktuellen Kursverläufen keinerlei Interesse hat:

"Ich könnte auch irgendwo sein, wo die Post mit

7

drei Wochen Verspätung eintrifft und wunderbar investieren."

Im Gegensatz zu anderen berühmten Spekulanten macht Buffett aus seinen Aktienkäufen kein Geheimnis. Sie werden publiziert und von ihm kommentiert. Dadurch ist er in Amerika zum Guru für Millionen Kleinanleger geworden, die jede seiner Kaufentscheidungen nachvollziehen, was sich natürlich positiv auf den Kurs der von ihm empfohlenen Aktien auswirkt. Von den Wall Street Profis hat er keine hohe Meinung:

"Wall Street ist der einzige Ort, wo Leute im Rolls - Royce vorfahren, um Rat von Leuten einzuholen, die U-Bahn fahren."

Obwohl er mit einem Privatvermögen von 58 Milliarden Dollar einer der 5 reichsten Männer der Welt ist, lebt er in der Stadt Omaha immer noch im gleichen Haus, das er 1958 für 31 000 Dollar erwarb. Als sparsamer Milliardär kaufte er sein Privatflugzeug zum Schnäppchenpreis vom Flugzeugfriedhof. Dennoch bezeichnete er die Kosten für dieses Flugzeug als eine "unentschuldbare" Ausgabe. Er fährt einen Mittelklassewagen und gönnt sich nur einmal wöchentlich ein gutes Essen im Steakhaus.

In einem Interview mit dem US Magazin 'Fortune' gab er am 25. Juni 2006 bekannt, dass er 85 % seines Vermögens für wohltätige Organisationen und die medizinische Forschung spenden wird: Dreißig

8

Milliarden davon für die Stiftung seines Freundes Bill Gates.

Warum habe ich dir diese Erfolgsstory erzählt? Sie verdeutlicht besser als ein Börsenseminar: Die effektivste Methode der Börsenspekulation besteht darin, mit Geduld eine gute Anlagestrategie – in diesem Fall die *Valuestrategie* – zu verfolgen.

Das negative Bild, welches ich von der Börse entworfen habe, muss ich nun korrigieren. Sie ist nicht nur eine wankelmütige Dame, sondern auch, wie die Lebensgeschichte von Warren Buffet beweist, eine große Wohltäterin. 85 % der mit ihrer Hilfe verdienten Rekordsumme von 58 Milliarden Dollar werden in den nächsten Jahren für wohltätige Zwecke und die medizinische Forschung beziehungsweise Therapie, zum Beispiel die Aidsbebehandlung, eingesetzt.

Falls dieser Brief in dir den Wunsch geweckt hat, auf den Spuren von Warren Buffett ebenfalls eine wohltätige Millionärin zu werden, bin ich gern bereit, dir in einem weiteren Brief nähere Informationen über die *Valuestrategie* zu geben. Um dir bewusst zu machen, dass du dich als Spekulantin keineswegs in einer anrüchigen sondern der besten Gesellschaft befindest, stelle ich dir zum Schluss einige prominente Spekulanten vor:

Der römische Philosoph Cicero, welcher durch Grundstücks- und Immobilienspekulationen ein beträchtliches Vermögen erwarb, gelangte zu zwei

Erkenntnissen, die bis heute ihre Gültigkeit bewahrt haben: Das Geld ist die Basis der Republik und die Spekulation das Sprungbrett zu einem großen Vermögen.

Der französische Schriftsteller Voltaire, ein leidenschaftlicher Spekulant, ließ durch Strohmänner alle Lose der französischen Staatslotterie aufkaufen, da er ausgerechnet hatte, dass die Summe der Lotteriegewinne erheblich größer war als der Gesamtpreis für den Kauf aller Lose. Er wurde durch diesen Coup sehr reich, der Lotteriedirektor jedoch fristlos entlassen.

Weitere berühmte Spekulanten waren zum Beispiel der Maler Gauguin, die Schriftsteller Balzac und Beaumarchais sowie der englische Nationalökonom Lord Keynes, unter dessen Portrait die britische Regierung folgenden Text schreiben ließ:

'John Maynard Lord Keynes, dem es gelungen ist, sich ohne Arbeit ein Vermögen zu schaffen.'

In den nächsten vier Wochen kannst du mich nicht erreichen, da ich eine Rundreise durch Kalifornien mache.

Größter Börsenkrach der Geschichte

Lieber Wolfgang,

während deiner Kalifornienreise habe ich mich durch Bücher über Börsenkräche informiert. Dabei wurde mir klar: Die Börse ist nicht nur jene wohltätige Dame, welche du mir vorgestellt hast. Sie hat zwei Gesichter: ein freundliches, das sie Graham und Buffett gezeigt hat, und ein unfreundliches, mit dem zahlreiche Börsianer konfrontiert wurden. Einer davon schrieb:

'An der Börse kann man ein kleines Vermögen machen, indem man ein großes Vermögen investiert.'

Die Börse hat sich immer wieder als gigantische Geldvernichtungsmaschine erwiesen. 1929 kam es an der Wall Street zum größten Börsenkrach der Geschichte, welcher eine weltweite Wirtschaftskrise und langjährige Rezession bewirkte.

Dem Börsenkrach ging in den 'goldenen Zwanzigerjahren' ein noch nie erlebter Börsenboom voraus. Alle Bevölkerungsschichten wurden vom Spekulationsfieber angesteckt. Heiße Aktientipps waren noch gefragter als der durch die Prohibition verbotene Alkohol. Chauffeure hörten nur mit einem Ohr auf den Verkehr, mit dem anderen versuchten sie einen Börsentipp ihrer Fahrgäste aufzuschnappen. Der Kammerdiener eines Maklers verdiente eine viertel Million mit dem Tipp seines

Herrn. Einer Krankenschwester bescherte der Tipp eines dankbaren Patienten 30 000 Dollar. Frauen trieben ihre Männer zur Eile an, damit sie beim Rennen um den Reichtum nicht zu spät kamen. Eine Schauspielerin schmückte ihre Wohnung mit den grafischen Darstellungen steigender Aktienkurse. General Electric stieg in einem Jahr um 300 %, Radio Corporation um 400 %. Die Börsenkurse erschienen in den Zeitungen an erster Stelle. J. Raskob, Direktor von General Motors, schrieb im 'Ladies Home Journal':

'Da sich das Einkommen tatsächlich auf diese Weise vermehren lässt, glaube ich fest, dass nicht nur jeder reich werden kann sondern dass jeder dazu verpflichtet ist!'

God's own country war von dem Wahn erfasst, dass die Abschaffung der Armut unmittelbar bevorsteht und danach ein neues Zeitalter des 'ewigen Wohlstands' beginnt.

Die ganze Dramatik des Börsenkrachs, der vom 24. Oktober 1929, dem so genannten 'Schwarzen Freitag', seinen Namen erhielt, wird durch den Kursverlauf des Dow-Jones-Index deutlich: Bei der ersten Notierung im Jahr 1896 hat der Index 41 Punkte. Bis 1927 steigt er auf 100 Punkte. Durch eine überhitzte, teilweise mit Bankkrediten finanzierte Börsenspekulation vervierfacht sich der Index innerhalb von 2 Jahren und erreicht im September 1929 den Rekordhöchststand von 381 Punkten.

Die sich in diesem Höchststand ausdrückenden, Schwindel erregenden Aktienkurse liegen weit über dem wirklichen Wert der Unternehmen. Irving Fisher, Professor an der Yale University, erwirbt eine traurige Berühmtheit, indem er am 16. Oktober erklärt:

"Es sieht so aus, als ob die Aktien ein dauerhaftes Hochplateau erreicht haben."

Innerhalb der nächsten drei Tage kommt es zu einem Absturz der Aktienkurse von diesem Hochplateau verbunden mit einem Wertverlust des Dow-Jones-Index um 15 %. Am 23. Oktober fällt der Index auf 300 Punkte. Am folgenden Tag, dem 'Schwarzen Freitag' sinkt der Gesamtwert aller an der Wall Street notierten Unternehmen um 11 Milliarden Dollar. Am Montag fällt der Index auf 260 Punkte. Am Dienstag verliert er weitere 12 % und ist damit bereits 39 % unter den Höchststand im September gefallen. Am 15. November sinkt er auf 180 Punkte und im Sommer 1932, nach einem Gesamtverlust von 89 % auf jene 41 Punkte, die er am ersten Tag seiner Notierung besaß.

Die Aktienkurse der großen amerikanischen Firmen stürzen in den Abgrund: General Motors von 73 auf 8, Radio Corporation von 115 auf 3 ½, General Electric von 220 auf 20, Chrysler von 135 auf 5, US Steel von 262 auf 22.

In der Statistik spiegelt sich der Börsencrash folgendermaßen:

Über 123 000 erfolgreiche Spekulanten, die einen Luxuswagen besaßen, mussten auf die U-Bahn umsteigen. Die Münze prägte für diese und weitere neue U-Bahnkunden fast 12 Millionen 5-Cent-stücke. Über 9000 Banken erklärten als Folge des Börsenkrachs ihren Konkurs. Die amerikanische Legende vom Tellerwäscher, der zum Millionär aufsteigt, spielte sich immer häufiger in umgekehr-ter Richtung ab. Millionen Aktionäre in Amerika und Europa wurden bettelarm, hatten jedoch größte Schwierigkeiten, noch Reiche zu finden, bei denen sie betteln konnten.

Die steigende Zahl von Selbstmorden inspirierte den amerikanischen Komiker Will Rogers, der rechtzeitig vor dem Crash alle Aktien verkauft hatte, zu dem Gag:

"In New York hat sich die Lage dahingehend entwickelt, dass der Hotelportier neu ankommende Gäste fragt:

'Wollen Sie einen Raum zum schlafen oder zum aus dem Fenster springen?'

Da ich als Vertreterin des sicherheitsorientierten Geschlechts viel Wert darauf lege, gut zu schlafen, wirst du verstehen, dass ich mich nicht entschlies-sen kann, in den überwiegend aus risikofreudigen Männern bestehenden Club der Aktionäre einzu-treten.

Das Sicherheitsnetz des klugen Spekulanten

Liebe Laura,
dein Brief, den ich nach meiner Rückkehr von Kalifornien vorfand, soll unverzüglich beantwortet werden.
Ich kann verstehen, dass der Absturz des Dow-Jones-Index zwischen 1929 und 1932 auf den Ausgangswert von 1896 dein Vertrauen in die Börse erschüttert hat. Die weitere Entwicklung des Dow-Jones-Index ist jedoch eine Erfolgsstory:
1954 erreicht er wieder den Stand von 1929. Im Jahr 1972 durchbricht er die Schallmauer von 1000 Punkten, klettert im Januar 1987 über 2000 Punkte, überspringt 1992 die Hürde von 3000 Punkten und steigt danach bis 2014 auf über 18 000 Punkte. Die Langzeitbetrachtung zeigt also einen steilen Anstieg des Index, obwohl dieser immer wieder durch Börsencrashs unterbrochen wurde. Börsenboom und Börsencrash sind zwei Seiten derselben Medaille. Börsenaltmeister Kostolany:
  'Kein Börsenkrach, kein Knall, dem nicht ein Boom vorausgegangen wäre und kein Boom, der nicht mit einem Börsenkrach endet.'
Von einem Börsianer stammt der Ausspruch:
  "Vor dem Crash wird nicht geklingelt."
Es gibt jedoch ein Alarmzeichen vor dem Börsencrash: die so genannte *Hausfrauen - Hausse*. Damit ist gemeint, dass Leute ohne die geringste Ahnung

15

von Aktien in die Börsenspekulation einsteigen.
Der amerikanische Milliardär John Rockefeller
hatte offensichtlich ein feines Gespür für dieses
Warnzeichen. Er verkaufte wenige Wochen vor
dem 'Schwarzen Freitag' alle Aktien, da ihm ein
Schuhputzer mehrere Aktientipps gegeben hatte.
Aufgrund der Erfahrung des 'Schwarzen Freitag'
stellten die Börsen eine neue Regel auf, um eine
lawinenartige Verkaufswelle, die 1929 alle Aktienkurse in den Abgrund riss, zu verhindern: Bei extre-
men Kursverlusten wird der Handel an den Börsen
ausgesetzt. Dieser Strategie ist es zu verdanken,
dass keiner der späteren Börsencrashs mehr die-
selben verheerenden Folgen hatte wie der 'Schwar-
ze Freitag'.
Nach dem Börsenkrach von 1987 bewiesen die
Frankfurter Börsianer durch das folgende Gedicht,
dass sie trotz heftiger Kursverluste ihren Humor
nicht verloren hatten:

> Meine Finanzen sind zerrüttet.
> An der Börse hat's gekracht.
> Da hab ich aus meinen Aktien
> den Kindern Drachen gemacht.
> Ich zog mit ihnen zu Felde,
> wo sanft die Lüfte wehen.
> Dort konnte ich meine Aktien
> noch einmal steigen sehen.

Vielleicht kann ich dein verlorenes Vertrauen in die
Börse zurückgewinnen, indem ich dir das DAX

Rendite Dreieck des Deutschen Aktien Instituts (DAI) vorstelle. Dieses Dreieck zeigt die jährlichen Durchschnittsrenditen, die ein dem DAX nachgebildetes Wertpapierdepot erwirtschaftet hätte, wenn es in einem beliebigen Jahr zwischen 1983 und 2006 gekauft und in einem beliebigen späteren Jahr verkauft worden wäre. Das Rendite Dreieck belegt: Bei großem Zeitabstand zwischen Kauf und Verkauf haben die DAX Aktien stets einen Gewinn erbracht, beispielsweise von 1983 bis 2006 eine durchschnittliche Jahresrendite von 10,7 %. Nur bei kurzen Abständen zwischen Kauf und Verkauf kam es zu Verlusten, beispielsweise zwischen 2002 und 2004 zu einem durchschnittlichen Jahresverlust von 6,2 %.

Das Dreieck besteht aus 300 Feldern. Gewinne sind als blaue Felder, Verluste als rote Felder und Renditen um 0 % als weiße Felder dargestellt. Bei 87 % der Felder handelt es sich um blaue Gewinnfelder, nur bei 10 % um rote Verlustfelder. Ich hoffe, dass du aufgrund der wenigen roten Verlustfelder in Zukunft weniger rot siehst, wenn du das Wort 'Aktien' hörst.

Man kann den Aktienspekulanten mit einem Seiltänzer vergleichen. Wenn dieser abstürzt, wird sein Leben durch das Sicherheitsnetz gerettet. Wenn die Aktienkurse abstürzen, wird das Vermögen des Spekulanten größtenteils gerettet, wenn dieser klug genug war, ein Sicherheitsnetz aufzuspannen.

Börsenaltmeister Kostolany vertritt die Ansicht: Ein Börsianer, der nicht mindestens zweimal während seiner Karriere Bankrott macht, ist kein echter Spekulant. Aus meiner Sicht ist er ein schlechter Spekulant. Den guten Spekulanten erkennt man daran, dass er sich durch ein Sicherheitsnetz schützt. Dieses Sicherheitsnetz besteht aus den folgenden 7 goldenen Regeln:

1. Lege nur einen Teil deines Vermögens in Aktien an. Der Anteil am Wertpapierdepot berechnet sich nach der Formel: Aktienanteil in % = 100 minus Lebensalter.

Ein 25-jähriger sollte also höchstens 75% in Aktien anlegen; bei einem 75-jährigen darf der Aktienanteil nur noch 25% betragen.

2. Kaufe Aktien nur mit Geld, das du über einen längeren Zeitraum nicht benötigst. Denn wenn man das in Aktien investierte Geld kurze Zeit später dringend braucht, muss man die Aktien eventuell unter dem Kaufkurs mit Verlust abgeben.

3. Investiere dein Kapital in eine größere Zahl verschiedener Aktien aus verschiedenen Branchen. Im Fall des Kursabsturzes einer Aktie (Branche) wird der Verlust durch die übrigen Aktien (Branchen) vermindert.

4. Lege deine Aktiengewinne in sicheren Wertpapieren an. Wenn die Gewinne wieder in Aktien investiert werden, geht im Fall eines Börsencrashs der größte Teil aller bisher erzielten Gewinne

verloren. Wurden die Gewinne jedoch in sichere Anlagen umgeschichtet, bleiben sie erhalten. Da es dem Anleger erfahrungsgemäß sehr schwer fällt, Aktiengewinne in niedrig verzinste Wertpapiere umzuschichten, bewahrheitet sich hier der Spruch: 'Geld zu machen ist nicht schwer, Geld behalten aber sehr.'

5. Realisiere die erzielten Aktiengewinne. Man sollte stets daran denken: Die Börse ist keine Einbahnstraße. Buchgewinne auf dem Papier sind nur geliehenes Geld, das beim nächsten Kursverlust zurückgezahlt werden muss. Wurde ein Gewinn jedoch durch den Teilverkauf mehrerer Aktien realisiert und in sichere Wertpapiere umgeschichtet, bleibt er dem Anleger erhalten. Wenn der Kurs nach dem Teilverkauf weiter steigt, kann sich der Anleger freuen, da die im Depot verbliebenen Aktien weiter steigen. Wenn der Kurs nach dem Teilverkauf sinkt, kann er zufrieden sein, rechtzeitig seinen Gewinn auf die sichere Seite gebracht zu haben.

6. Kaufe niemals Aktien mit Hilfe von Bankkrediten. Bei einem Börsencrash können die Kredite nicht zurückgezahlt werden. Die Kreditzinsforderungen bestehen jedoch weiter. Der Anleger sitzt in der Schuldenfalle.

7. Halte deine Verluste klein, indem du die Aktie im Fall eines Kursverlustes so rasch wie möglich verkaufst. Eine bewährte Börsenregel lautet:

Kursgewinne laufen lassen, Kursverluste klein halten. Zum Ausgleich eines Verlustes von 50 % ist eine Kurssteigerung von 100 % notwendig!

Empfehlenswert ist es, den Erlös aus dem Verkauf der Verlustaktie in eine Aktie mit guter Kursentwicklung umzuschichten, damit der Verlust baldmöglichst durch den Gewinn der zweiten Aktie ausgeglichen wird.

Um mein 'Börsenseminar' etwas aufzulockern, erzähle ich dir abschließend einige Anekdoten:

Frau Pollak von Parnegg, die Gattin eines geadelten Wiener Textilindustriellen, war aufgrund ihrer Stilblüten in ganz Österreich berühmt:

Sie schickt ihrem Sohn ein Telegramm:

'Morgen Abend Musiksoirée. Bitte kommen.'

Der Sohn telegrafiert:

'Nicht möglich, liege mit Angina im Bett.'

Antworttelegramm von Baronin Pollak:

'Gib ihr 100 Kronen und schmeiß sie raus.'

Während der Musiksoirée bewundert ein Gast den wertvollen Steinway - Flügel und fragt Frau Pollak:

"Spielen Sie vierhändig auf ihm?"

Die Gastgeberin, beleidigt:

"Ich bin doch kein Affe."

In diesem Moment wendet sich der Pianist an die Baronin:

"Soll ich die Beethoven-Sonate a Moll oder c Moll spielen?"

"Spielen Sie zunächst a mol. Wenn es den Gästen

gut gefällt, können sie gern zeh mol spielen."
Nach dem Konzert geht Frau Pollak strahlend auf
den Pianisten zu und sagt:

"Ich habe schon Anton Rubinstein gehört ..."
Der Pianist verbeugt sich geschmeichelt.

"Ich habe auch schon den Magier Franz Liszt
gehört ..."
Der Pianist verbeugt sich noch tiefer. Frau Pollak
beendet ihren Satz:

"... geschwitzt wie *Sie* hat keiner."
Danach sagt sie zur Fürstin von Esterházy:

"Bei meiner nächsten Soirée möchte ich den Gästen etwas ganz Besonderes bieten. Können Sie mir
einen Tipp geben, Durchlaucht?"

"Ich sage nur ein Wort: Roséquartett. Ihre Gäste
werden begeistert sein."
Zwei Monate später begegnen sich die beiden im
Burgtheater. Frau Pollak zur Fürstin:

"Eigenartiger Mensch, dieser Herr Roséquartett.
Obwohl ich ihn allein engagiert habe, hat er sich
gleich noch drei andere mitgebracht."
Ich bringe diesen Brief sofort zur Post. Danach
spiele ich eine Sonate von Franz Schubert auf meinem Steinway-Flügel. Der Musik verdanke ich eine
wichtige Erkenntnis über die Börse:
Ebenso wie der Erfolg eines Klavierstücks von
wenigen Tönen der Melodie abhängt, basiert auch
der Börsenerfolg auf wenigen Grundkenntnissen.

21

Das kleine Einmaleins der Börse

Liebe Laura,

ich freue mich, dass du aufgrund meines letzten Briefes doch in die Börse einsteigen möchtest. Bevor du an der Börse das große Geld verdienen kannst, musst du jedoch zuerst das kleine Einmaleins der Börse lernen.

Du schreibst: 'Ich habe wenig Ahnung von Aktien.' Nach einer Umfrage befindet sich die Hälfte aller Deutschen in diesem Tal der Ahnungslosen. Deshalb betrug die Aktionärsquote 2014 in Deutschland nur 8 % (Schweiz 24 %, USA 24 %, England 31 %, Schweden 38 %). Von den rund 5100 Milliarden €, welche die deutschen Sparweltmeister auf die hohe Kante gelegt haben, wurden nur 6% in Aktien angelegt. Dabei erzielen Aktien langfristig mehr Gewinn als alle anderen Kapitalanlagen. Die durchschnittliche Rendite der Aktien lag in den letzten 50 Jahren 2 % über der durchschnittlichen Rendite von festverzinslichen Wertpapieren. Bei einem kurzfristigen Anlagezeitraum hat dieser Zinsunterschied nur eine geringe Auswirkung auf die erzielbaren Endbeträge. Langfristig jedoch ist aufgrund des Zinseszinseffekts der Unterschied sehr groß. Der Endbetrag einer Anlage mit 9 % Rendite übertrifft den Endbetrag einer Anlage mit 7 % Rendite in 10 Jahren um 40 %, in 20 Jahren um 173 % und in 30 Jahren um 565 %.

Eine deutsche Bank berechnete für den Zeitraum 1949 bis 1993, dass sich eine DM auf 183 DM vermehrte, wenn sie in Aktien angelegt wurde, aber nur auf 12 DM bei einer Anlage in festverzinslichen Wertpapieren.

Die Börse ist ein wichtiger Motor der Wirtschaft und der Ort, an dem sich Geldgeber (die Aktionäre) und Geldempfänger (die Unternehmer) treffen. Diese erhöhen ihr Kapital durch die Umwandlung des Unternehmens in eine Aktiengesellschaft; die Aktionäre können von den Gewinnausschüttungen der Unternehmen und den steigenden Aktienkursen profitieren.

Durch den Kauf einer Aktie wird der Anleger Miteigentümer des Unternehmens. In dieser Eigenschaft ist er bei einer guten Entwicklung der Firma an ihrem Gewinn beteiligt, bei einer schlechten Entwicklung auch am Verlust.

Ein *Aktienindex* wird aus einer größeren Zahl von Aktien gebildet Die 30 größten deutschen Aktiengesellschaften bilden zusammen den Deutschen Aktienindex (Abkürzung DAX), die 30 größten amerikanischen Gesellschaften den Dow-Jones - Index.

Ein *Indexzertifikat* ist eine Beteiligung an allen Aktien eines Index. Das DAX Indexzertifikat ist also eine Beteiligung an allen 30 Aktien des DAX Index. Der Kurswert des DAX Indexzertifikats ergibt sich aus allen Kursen der 30 DAX Aktien.

Ein großer Vorteil eines Indexzertifikats ist die Verminderung des Kursrisikos durch die Beteiligung an einer großen Aktienzahl.

Der Aktienkauf kann über die Hausbank oder eine Direktbank erfolgen. Letztere berechnet niedrigere Gebühren, bietet jedoch weniger Beratung an.

Beim Kauf gibt man entweder den Auftrag, "billigst" zu kaufen oder man nennt ein Limit d.h. den Kurs, welchen man maximal bezahlen möchte.

Beim Verkauf gibt man entweder den Auftrag, "bestens" d.h. zum höchstmöglichen Preis zu verkaufen oder man setzt ein Limit d.h. man nennt den Kurs, welchen man mindestens erhalten möchte.

Der Auftrag ist entweder nur am Tag der Auftragserteilung gültig ("tagesgültig"), oder er soll bis zum Monatsende gelten ("gültig bis ultimo").

Beim Aufbau eines Aktienpakets gibt es zwei Möglichkeiten. Man kann jeden Monat eine gleich große Zahl von Wertpapieren kaufen oder man kann jeden Monat einen gleich großen Geldbetrag für den Kauf von Wertpapieren ausgeben. Ich empfehle dir die zweite Vorgehensweise: Wenn du monatlich einen gleich großen Betrag für Aktien ausgibst, werden im Fall steigender Kurse weniger Aktien pro Monat gekauft, im Fall sinkender Kurse jedoch mehr Aktien. Dadurch wird ein günstigerer Kaufpreis erzielt als beim Erwerb einer gleich großen Zahl von Wertpapieren pro Monat.

Warren Buffett bekam aufgrund seiner manchmal etwas rätselhaften Aussagen den Spitznamen 'Die Sphinx von Omaha'. Auf die Frage nach dem günstigsten Zeitpunkt für Aktienkäufe gibt er allerdings eine klare Antwort. Nach seiner Einschätzung begehen die meisten Aktionäre den Fehler, sich zu sehr vom Steigen und Fallen der Aktienkurse beeinflussen zu lassen:

"Sie fühlen sich gut, wenn ihre Aktie steigt und schlecht, wenn sie fällt. Ich fühle mich gut, wenn der Kurs meiner Aktien nach unten geht, weil ich dann noch mehr kaufen kann."

Da er fest davon überzeugt ist, dass die von ihm ausgewählten Aktien langfristig steigen werden, nutzt er die Gelegenheit fallender Kurse, um diese Aktien mehrmals auf immer niedrigerem Kursniveau nachzukaufen, wobei er jedes Mal ein Limit setzt, um den günstigen Kaufkurs sicher zu stellen. Auf diese Weise erzielt er einen niedrigen durchschnittlichen Kaufpreis.

Günstig ist es auch, wenn du eine Aktie kurz vor der Dividendenausschüttung kaufst. *Dividende* nennt man den Teil des Gewinns, welchen ein Unternehmen an seine Aktionäre ausschüttet. Die Berechnung der *Dividendenrendite* ist sehr einfach: Dividendenrendite in % = Dividende : Aktienkurs x 100. Die Dividendenauszahlung erfolgt am Tag nach der Hauptversammlung. Jeder Aktionär, der am Tag der Hauptversammlung Aktien in seinem

Depot hat, kommt in den Genuss ihrer Dividende.
Am Tag nach der Dividendenausschüttung sinkt
der Aktienkurs um einen der Dividende entsprechenden Betrag.

Ich möchte dir nun die wichtigsten ursächlichen
Faktoren für die Entwicklung der Aktienkurse erklären.

Der Aktienkurs wird durch das Verhältnis von Angebot und Nachfrage bestimmt. Eine steigende
Nachfrage hat eine positive, eine sinkende Nach-
frage eine negative Wirkung auf den Aktienkurs.
Hierbei spielt die wirtschaftliche Konjunktur eine
Hauptrolle. Diese verläuft wellenförmig in vier
Phasen: Konjunkturaufschwung, Hochkonjunktur,
Konjunkturabschwung und wirtschaftliche Rezession. In den Phasen von Konjunkturaufschwung
und Hochkonjunktur können die Anleger aufgrund
ihres steigenden Einkommens mehr Aktien kaufen; die Aktienkurse steigen. In den Phasen von
Konjunkturabschwung und Rezession können die
Anleger weniger Geld für Aktien ausgeben; die Ak-
tienkurse sinken.

Ein wichtiger ursächlicher Faktor für steigende
Kurse ist ein sinkender Ölpreis. Da die Anleger
weniger Geld für Energiekosten (Benzin, Heizöl)
ausgeben müssen, können sie mehr Aktien kaufen.
Ein bedeutender ursächlicher Faktor für fallende
Kurse ist ein Zinsanstieg der festverzinslichen
Wertpapiere. Die Anleger kaufen in diesem Fall

mehr festverzinsliche Wertpapiere und haben daher weniger finanzielle Mittel für Aktienkäufe.

Du hast nun das kleine Einmaleins der Börse gelernt. Wie leicht es ist, mit Aktien viel Geld zu verdienen, ergibt sich aus der Tatsache, dass du außer diesem kleinen Einmaleins nur noch die Kenntnis der drei erfolgreichsten Aktienstrategien benötigst, um an der Börse Gewinne zu machen. Diese Strategien werde ich dir in meinem nächsten Brief vorstellen.

Ich erzähle dir zum Schluss noch eine Anekdote:

Der Sohn des Börsenmaklers Lustig fragt seinen Vater:

"Kannst du mir erklären, weshalb die Armen den Ärmsten helfen, der Reiche aber den Armen nicht sieht?"

"Tritt ans Fenster. Was siehst du?"

"Ich sehe einen alten Bettler am Straßenrand ."

"Stell dich jetzt hier vor den Spiegel. Was siehst du?"

"Was soll ich schon sehen, natürlich nur mich selbst."

"Siehst du, so ist es. Das Fenster ist aus Glas. Der Spiegel ist aus Glas. Kaum legst du ein wenig Silber hinter die Oberfläche, schon siehst du nur noch dich selbst."

Die drei besten Aktien-Strategien

Liebe Laura,

der Kabarettist Herbert Bonnewitz hatte bei einer Prunksitzung des Mainzer Karnevals einen großen Heiterkeitserfolg mit seinem Satz:

"Gnädige Frau, wo lassen Sie denken?"

Bezüglich der Aktienspekulation solltest du keine Hemmungen haben, die Börsenprofis der Banken für dich denken zu lassen. Es ist besser, mit ihrer Hilfe große Gewinne zu machen, als selbst mit weniger Erfolg an der Börse zu spekulieren. Ich werde dir anschließend die drei besten Aktienstrategien vorstellen, damit du weißt, auf welche Weise deine zukünftigen Börsengewinne entstehen. Die mit einem erheblichen Zeit- und Arbeitsaufwand verbundene Aktienauswahl unter Berücksichtigung der drei besten Strategien kannst du getrost den Börsenspezialisten der Banken überlassen.

Die von Benjamin Graham entwickelte *Valuestrategie* beruht auf folgender Überlegung:

Wenn der Börsenwert einer Aktie niedriger ist als ihr wirklicher Wert, wird diese Aktie mittelfristig aufgrund der von den Anlegern entdeckten Unterbewertung zunehmend gekauft, wodurch ihr Kurs steigt. Wegen der bereits vorhandenen Unterbewertung ist das Risiko eines Kursverlustes bei Valueaktien geringer als bei Aktien, deren Börsenwert dem wirklichen Wert entspricht beziehungsweise über dem wirklichen Wert liegt. Valueaktien haben also eine gute Kurschance und gleichzeitig ein geringes Kursverlustrisiko.

Der MSCI EMU Value Index bildet die Wertentwicklung von unterbewerteten europäischen Unternehmen ab. Der MSCI EMU Value Index stieg in den Jahren 1997 bis 2009 um 95,2 %, während der MSCI EMU Index nur um 51,5% stieg. Die Überlegenheit der *Valuestrategie* wird durch die um 43,7 % höhere Wertentwicklung eindrucksvoll bestätigt.

Die Ermittlung des wirklichen Wertes einer Aktie ist mit einem beträchtlichen Arbeits- und Zeitaufwand verbunden. Warren Buffett beschäftigt einen großen Mitarbeiterstab mit dieser schwierigen Aufgabe. Ich empfehle dir daher, ein *Valuestrategie - Zertifikat* zu kaufen. Du findest die Zertifikate bei Google unter dem Stichwort 'Zertifikate Valuestrategie'. Ich empfehle dir den Kauf bei einer sehr großen Bank, für die der Satz gilt: 'To big to fail'. Denn bei Zertifikaten besteht außer dem Konkursrisiko der Unternehmen, die im Zertifikat enthalten sind auch ein Insolvenzrisiko des Unternehmens, welches das Zertifikat herausgibt.

Die von Benjamin Graham entwickelte **Dividendenstrategie** beruht auf folgender Überlegung: Da sich die Gesamtrendite einer Aktie aus dem Kursgewinn und der Dividende zusammensetzt, müssen Aktien, die eine hohe Dividende ausschütten, auch eine überdurchschnittliche Gesamtrendite haben. Man unterscheidet bei der *Dividendenstrategie* zwei Varianten:

1. Die Top 10 Strategie.

Sie besteht darin, jeweils am Beginn des Jahres die 10 Aktien eines Index mit der höchsten Dividendenrendite zu kaufen und dann 1 Jahr lang im Depot zu lassen.

2. Die Low 5 Strategie.

Dabei werden von den 10 Aktien mit der höchsten Dividendenrendite nur die 5 Aktien mit dem niedrigsten Kurswert gekauft und für ein Jahr im Depot gehalten.

Die 10 dividendenstärksten Aktien aus dem DAX erbrachten im Zeitraum 1974 - 1995 eine durchschnittliche Jahresrendite von 15 % und lagen damit 7 % über der durchschnittlichen Rendite aller DAX Aktien.

Die Low 5 Strategie erbrachte von 1982 - 1996 eine durchschnittliche Jahresrendite von 20 % und übertraf damit den Kursanstieg des DAX um 8 %.

Die 10 dividendenstärksten Aktien des Dow Jones Index erbrachten von 1976 bis 1996 eine durchschnittliche Jahresrendite von 17 %. Die Low 5 Strategie erzielte im gleichen Zeitraum eine Rendite von 20 %. Beide Strategien übertrafen die durchschnittliche Jahresrendite aller US - Aktien, welche bei 11 % lag.

Der so genannte 'Divdax' ist ein Index der 15 DAX

Aktien mit der höchsten Dividendenausschüttung. Zwischen 2000 und 2011 übertraf die Wertentwicklung des DivDax die Wertentwicklung des DAX um 45 %!

Die jährliche Berechnung der Dividendenrendite aller DAX Aktien kannst du dir sparen, indem du ein *Dividendenstrategie - Zertifikat* kaufst. Du findest diese Zertifikate bei Google unter dem Stichwort 'Zertifikate Dividendenstrategie'.

Das Prinzip der ***Momentumstrategie*** besteht darin, Aktien zu kaufen, die bereits einen Aufwärtstrend ausgebildet haben. Diesen Aufwärtstrend erkennt man daran, dass der Aktienkurs in den letzten sechs Monaten überdurchschnittlich gestiegen ist. Die Strategie basiert auf folgender Überlegung:

Entwickelte sich der Kurs einer Aktie in der Vergangenheit überdurchschnittlich gut, setzt sich diese Kursentwicklung mit hoher Wahrscheinlichkeit in nächster Zukunft fort. Hat eine Aktie erst einmal Fahrt aufgenommen, ist sie nicht mehr so schnell zu bremsen. Anleger, die auf den fahrenden Zug springen, machen den Kurs zu einem 'Selbstläufer'. Diese Eigendynamik einer Aktie wird als 'Momentum' bezeichnet.

Der Börsenanalytiker *Robert Levy* entwickelte eine einfache Methode, Aktien mit einer überdurchschnittlichen Kursentwicklung herauszufinden:

Man berechnet für alle Aktien eines Index den

durchschnittlichen Wochenschlusskurs der letzten 26 Wochen. Danach dividiert man den aktuellen Wochenschlusskurs durch den errechneten Durchschnittskurs. Hierbei erhält man eine Zahl, die über 1 liegt, wenn der aktuelle Kurs über dem Durchschnittskurs liegt beziehungsweise unter 1, wenn er darunter liegt. Diese Zahl wird als 'Relative Stärke nach Levy' (RSL) bezeichnet.

Die *Momentumstrategie* kann bei jedem Index eingesetzt werden. Bei der Anwendung auf den DAX Index wird eine Rangliste aller DAX Aktien entsprechend den RSL Werten aufgestellt. Die 10 Aktien mit dem höchsten RSL Wert werden gekauft und für ein Jahr im Depot gehalten.

Die Effektivität dieser *Momentumstrategie* wurde durch Berechnungen der Universität Mannheim bewiesen: Mit der RSL Methode können Renditen erzielt werden, die bis zu 10 % über der Durchschnittsrendite des Index liegen. Damit bestätigt diese Methode den alten Spruch britischer Börsenspekulanten:

'The trend is your friend.'

Du findest Momentum - Zertifikate bei Google unter dem Stichwort 'Zertifikate Momentumstrategie'.

Zum Schluss erzähle ich dir wieder einige Anekdoten über Frau Pollak von Parnegg: Das Ehepaar von Parnegg soupiert in einem Parkrestaurant am Stadtrand von Wien. Der am Nebentisch sitzende

Herr stellt sich vor:

"Frau Baronin, ich bin Kommerzienrat Prochaska. Mein Name bedeutet 'Spaziergang'."

Nach dem Dessert blinzelt Frau Pollak ihrem Nachbarn zu und sagt:

"Kommen Sie mit mir in den Park, Herr Kommerzienrat, machen wir zusammen einen kleinen Prochaska."

Einen Monat später reist die Baronin mit ihrer Tochter Leonore nach Paris. Im Hotel angekommen, fällt Leonore halb ohnmächtig auf das Bett. Das Zimmermädchen ruft beim Anblick der blassen Leonore:

"Oh, toute malade."

Das heißt auf deutsch 'Oh, ganz krank', auf böhmisch - deutsch jedoch: 'tut ma lad - tut mir leid.'

Darauf die Baronin:

" Dass meine Tochter Ihnen leid tut, ist ja schön. Aber was heißt oh dö Kolonje auf französisch?"

Eines Tages ist ihr Mann plötzlich verschwunden. Da Frau Pollak die Erfahrung gemacht hat, dass ihr die besten Ideen stets im Bett einfallen, beschließt sie, sich in letzteres zu legen, um noch einmal nachzudenken, wo ihr Mann sein könnte. Unter dem Bett sieht sie einen schwarzen Schuh und als sie sich bückt, das bleiche Gesicht ihres toten Mannes. Sie läutet dem Stubenmädchen und sagt ziemlich verärgert:

"Sehen Sie, Lena, so räumen Sie auf!"

Die häufigsten Fehler der Aktionäre

Liebe Laura,

bevor du in die Börsenspekulation einsteigst, muss ich dich vor den häufigsten Fehlern warnen, die von den Aktionären gemacht werden. Ich habe dir ja bereits das Sicherheitsnetz der 7 goldenen Regeln vorgestellt. Diese werden leider von den meisten Aktionären nicht beachtet.

Bei einer boomenden Börse tendieren die Börsianer zu einer Übergewichtung des Aktienanteils in ihrem Wertpapierdepot. Dies geschieht entweder aus Unwissenheit, da ihnen die Formel 'Aktienanteil in % = 100 minus Lebensalter' nicht bekannt ist oder unter bewusster Missachtung dieser Formel.

Eine häufige Börsenfalle sind 'todsichere' Geheimtipps. Hier besteht die Gefahr, dass andere Aktien verkauft werden, um möglichst viel Kapital auf die eine Karte des todsicheren Geheimtipps setzen zu können. Wenn sich die Geheimtipp-Aktie als Flop erweist, bedeutet dies einen erheblichen Verlust für den Anleger.

Nur wenige Aktionäre schichten ihre Aktiengewinne in sichere Wertpapiere um. Sie lassen sich von der drohenden Renditeverminderung bei einer Umschichtung in sichere Wertpapiere abschrecken, ohne zu begreifen, dass diese Renditekürzung der unumgängliche Preis für die Sicherstellung ihrer Aktiengewinne ist.

Die antizyklische Strategie besteht darin, bei sinkenden Kursen zu kaufen und bei steigenden Kursen zu verkaufen. Da der Börsianer dem Herdentrieb folgt, fällt es ihm schwer, bei steigenden Kursen zu verkaufen. Wenn alle kaufen, weshalb sollte er dann gegen den Strom schwimmen und verkaufen?

Es gibt jedoch ein Verhalten, das ihm noch viel schwerer fällt: eine Aktie zu verkaufen, deren Kurs unter den Kaufpreis gefallen ist. Dies bedeutet nämlich das Eingeständnis, dass der Aktienkauf ein Fehler war. Da niemand gern eingesteht, einen Fehler begangen zu haben, legt sich der Börsianer verschiedene Argumente zurecht, um die Aktie nicht verkaufen zu müssen, zum Beispiel:

'Die Börse hat sich geirrt und wird diesen Irrtum wieder korrigieren.' Im Regelfall hat sich nicht die Börse geirrt sondern der Spekulant. Ein weiteres Argument: 'Es handelt sich um eine vorübergehende Kursschwäche, die schon bald wieder durch einen Kursanstieg ausgeglichen wird.' Da es bei einem sinkenden Aktienkurs manchmal auch zu leichten Kurserholungen kommt, wird die Hoffnung auf einen Verlustausgleich durch diese leichten Kurserholungen immer wieder aufs neue geweckt. So sinkt der Aktienkurs, von immer neuen Hoffnungen des Börsianers auf einen Verlustausgleich begleitet, auf immer neue Tiefstände. Ein weiteres Argument: 'Solange ich die Aktie nicht verkaufe, handelt es sich nur um einen Buchverlust auf dem Papier. Erst durch den Verkauf wird aus dem Buchverlust ein realer Verlust.'

Wer eine unter den Kaufkurs gefallene Aktie nicht verkauft, fügt sich einen doppelten Schaden zu: Erstens durch den Kursverlust dieser Aktie und zweitens durch den entgangenen Gewinn, welchen er gemacht hätte, wenn er die Aktie frühzeitig verkauft und in eine gewinnbringende Aktie umgeschichtet hätte.

Wenn eine Aktie 10 - 15 % unter den Kaufkurs fällt, empfehle ich dir, die Aktie zu verkaufen. Wie schwer dies ist, beschreibt Altmeister Kostolany in seinem Buch 'Geld, das große Abenteuer':

'Das Schwierigste ist, an der Börse einen Verlust resignierend hinzunehmen. Es ist ein chirurgischer Eingriff. Man muss den Arm amputieren, bevor sich die Vergiftung ausbreitet, je früher desto besser. Dies ist schwer und unter 100 Menschen gibt es nur einen, der imstande ist, so zu handeln.'

Da du mit hoher Wahrscheinlichkeit nicht zu den Menschen gehörst, welche die Kraft haben, eine solche Amputation durchzuführen, empfehle ich dir, deiner Bank einen *Stopp - Limit - Auftrag* zu erteilen. Dies bedeutet einerseits, dass die Aktie von der Bank automatisch verkauft wird, wenn sie unter den von dir festgesetzten Verkaufskurs fällt und andererseits, dass der Verkauf nur erfolgt, wenn der Kurs über einem von dir angegebenen

Limit liegt.

Du siehst, wie schwer es dem Börsianer fällt, eine unter den Kaufkurs gesunkene Aktie zu verkaufen. Es gibt jedoch ein Verhalten, das ihm noch viel schwerer fällt: sinkende Aktien zu kaufen. Nur wenige haben die psychische Kraft, zu kaufen, wenn sich der gesamte Aktienmarkt im Sturzflug befindet. Auch hier erweist sich der Herdentrieb als größtes Hindernis. Wenn der Ruf "Feuer" ertönt und alle Aktionäre zum Börsenausgang stürzen muss man schon die stahlharten Nerven eines Warren Buffett haben, um in der Börse zu bleiben und die von den 'zittrigen Händen' in panischer Angst auf den Markt geworfenen Aktien zu einem Spottpreis aufzukaufen. Altmeister *Kostolany* beschreibt das Auf und Ab an der Börse folgendermaßen:

Die Börsenprofis ('starke Hände') kaufen ihre Aktien bei einem Börsencrash zu Tiefstpreisen. Der auf den Crash folgende Börsenboom lockt zunehmend Amateure ('zittrige Hände') an die Börse. Diesen Amateuren verkaufen die Börsenprofis ihre Aktien während der Hausse zu Höchstpreisen. Der auf die Hausse folgende Börsencrash versetzt die Amateure in Panik. Sie verkaufen ihre Aktien, die sie zu Höchstpreisen bei den Börsenprofis gekauft haben, wieder an die 'starken Hände', diesmal jedoch zu Tiefstpreisen. Danach beginnt das Spiel von vorn, bei dem die Amateure immer verlieren, indem sie die Gewinne der Profis bezahlen, welche stets die Profiteure sind.

Abschließend erzähle ich dir die Geschichte eines Mannes, dem die Panik der Aktionäre zu seinem größten Börsencoup verhalf. *Nathan Rothschild* kaufte Kriegsanleihen, mit denen der Kampf Englands gegen Napoleon finanziert wurde. Am 18. Juni 1815 kam es bei Waterloo zur Entschei - dungsschlacht zwischen den Truppen Napoleons und den Heeren der Verbündeten England und Preußen. Man vermutet, dass Rothschild Brieftauben eingesetzt hat, die von einem belgischen Agenten mit der Siegesnachricht zu ihm geschickt wurden. Er fuhr sofort zur Börse und verkaufte mit einem zutiefst deprimierten Gesichtsausdruck eine große Zahl der englischen Kriegsanleihen. Von Panik ergriffen folgten die Börsianer seinem Beispiel und stießen ihre Kriegsanleihen ab, deren Kurs innerhalb von Stunden in den Keller stürzte. Dort wurden sie von Strohmännern des Bankiers aufgekauft. Wenige Stunden später führte die Nachricht von der Niederlage Napoleons zu einem Kursfeuerwerk an der Londoner Börse. Größter Gewinner des Tages war Nathan Rothschild, dem die Panik der Börsianer den stattlichen Gewinn von 1 Million Pfund beschert hatte.

Das magische Dreieck der Vermögensanlage

Liebe Laura,

du hast im Internet gelesen, dass 6 Millionen Deutsche ihr Kapital in Aktien investieren, 9 Millionen jedoch in Investmentfonds. Nachdem ich dir die besten Börsenstrategien für Aktien bereits erklärt habe, bittest du mich in deinem Brief, dich nun auch noch über die besten Börsenstrategien für Investmentfonds zu informieren. Dazu muss ich dir zunächst das so genannte *magische Dreieck der Vermögensanlage* erklären.

Dieses Dreieck veranschaulicht das Spannungsverhältnis zwischen den 3 Anlagezielen Rendite (obere Spitze des Dreiecks), Sicherheit (Spitze links unten) und Liquidität (Spitze rechts unten). Unter *Rendite* versteht man das Verhältnis des jährlichen Ertrags bezogen auf das angelegte Kapital. Wenn z. Bsp. bei einer Anlage von 10 000 € ein jährlicher Ertrag von 1000 € entsteht, beträgt die Rendite 10 %. Unter *Sicherheit* versteht man die Erhaltung des angelegten Kapitals. Eine Kapitalanlage verfügt über eine gute *Liquidität*, wenn sie in kurzer Zeit ohne Verlust wieder in Bargeld umgewandelt werden kann.

Ich werde dir das Spannungsverhältnis zwischen den drei Anlagezielen durch einige Beispiele verdeutlichen: Wertpapiere mit hohem Zins und langer Laufzeit haben zwar eine gute Rendite, aufgrund der langen Laufzeit jedoch eine schlechte Liquidität. Aktien erfüllen zwar die Anlageziele einer hohen Rendite und einer guten Liquidität, bieten jedoch nur eine geringe Sicherheit. Anlagen mit großer Sicherheit und guter Liquidität (z. Bsp. Sparbücher) erzielen leider eine geringe Rendite. Im Regelfall gilt: Wenn du ein Wertpapier mit einer großen Sicherheit kaufst, musst du dich mit einer geringen Rendite begnügen. Wenn du eine höhere Rendite erzielen willst, musst du auch ein höheres Risiko in Kauf nehmen.

Die Wertpapiere werden entsprechend den 3 Anlagezielen in rendite- sicherheits- und liquiditätsorientierte Wertpapierformen eingeteilt. Sicher wird es dich freuen, von mir zu erfahren, für welche Theorie der amerikanische Wirtschaftswissenschaftler *Harry Markowitz* den Nobelpreis erhielt. Seine Theorie besagt, dass sich Anleger mit der Verteilung ihres Kapitals auf verschiedene Wertpapierformen besser gegen Verluste absichern können, wodurch das Verhältnis von Rendite und Risiko günstiger wird. Indem du dein Kapital auf rendite- sicherheits- und liquiditätsorientierte Wertpapierformen verteilst, kannst du dir die 3 Wünsche nach Rendite, Sicherheit und Liquidität erfüllen. Deshalb müssen wir zunächst die verschiedenen Fonds unter dem Aspekt von Rendite, Sicherheit und Liquidität betrachten.

Gemäß einer Statistik des Fondsverbandes BVI,

die sich auf einen Zeitraum von 10 Jahren bezieht, hatten die Fonds folgende durchschnittliche Renditen:

Aktienfonds Deutschland	6,2 %
internationale Aktienfonds	5,2 %
Aktienfonds Europa	4,6 %
offene Immobilienfonds	4.1 %
Rentenfonds	3,9 %

Die *Kursschwankungsbreite (Volatilität)* ist ein Maß für die Sicherheit eines Wertpapiers. Je höher die Schwankungsbreite, desto geringer ist die Sicherheit. Oder anders ausgedrückt: Je mehr der Börsenkurs eines Wertpapiers schwankt, desto größer ist das Verlustrisiko, wenn du deine Wertpapiere eventuell mit einem hohen Kursverlust verkaufen musst.

Gemäß einer Statistik des Fondsverbandes BVI, die sich auf einen Zeitraum von 10 Jahren bezieht, hatten die Fonds folgende Kursschwankungsbreiten:

Aktienfonds Deutschland	23.5 %
internationale Aktienfonds	18,5 %
Aktienfonds Europa	18,2 %
internationale Rentenfonds	5,2 %
Euro Rentenfonds	2,8 %
offene Immobilienfonds	0,8 %

Es besteht ein Zusammenhang zwischen Kursschwankungsbreite und Liquidität. Da Aktienfonds erhebliche Kursverluste erleiden können, haben sie eine schlechte Liquidität. Offene Immobilienfonds haben die beste Liquidität. Ihre konstante Wertsteigerung amortisiert die beim Kauf an der Börse anfallenden Kosten in kurzer Zeit. Danach können sie ohne Verlust an der Börse verkauft werden.

Bevor ich dir jedoch Ratschläge für das günstigste Mengenverhältnis der verschiedenen Fondsarten gebe, muss ich dich leider zunächst mit einigen Definitionen langweilen, die freilich eine unerlässliche Voraussetzung für die von mir empfohlenen, erfolgreichen Fonds-Strategien sind.

Anleihen sind verzinsliche Wertpapiere, die von Staaten und Unternehmen ausgegeben werden. Die gesamte Anleihe wird in Teilbeträge (z. Bsp.1000 €) zerlegt. Ein Teilbetrag wird als *Nennwert* bezeichnet. Der Käufer einer Anleihe besitzt eine Geldforderung gegenüber dem Herausgeber der Anleihe (*Emittent*). Unter *Bonität* versteht man den guten Ruf eines Emittenten in Bezug auf seine Zahlungsfähigkeit. Die Bewertung der Bonität erfolgt durch *Ratingagenturen*. In einem *Investmentfonds* werden die Gelder vieler Anleger von einer *Kapitalanlagegesellschaft* (KAG) verwaltet. Das von den Anlegern eingezahlte Geld bildet ein *Sondervermögen*, das vom eigenen Vermögen der Kapitalanlagegesellschaft getrennt gehalten werden muss. Diese Trennung dient dem Schutz der Anleger vor dem Verlust ihrer Gelder im Fall eines Konkurses der Kapitalanlagegesellschaft. Bei Anlage der Gelder in verzinsliche Wertpapiere entsteht ein *Rentenfonds* (RF), bei Anlage in Zinspapiere mit kurzer Laufzeit (Tages- und Termingelder) ein *Geldmarktfonds* (GMF), bei Anlage in Aktien ein *Aktienfonds* (AF) und bei Anlage in Immobilien ein *Immobilienfonds* (IF). Unter *Performance* versteht man die Wertentwicklung eines Investmentfonds. Die Erträge eines Investmentfonds können ausgeschüttet werden (*Ausschüttungsfonds*) oder dem Erwerb weiterer Vermögenswerte dienen (*Thesaurierender Fonds*). Der *Rücknahmepreis* eines Investmentanteils ist der Preis, den die Kapitalanlagegesellschaft für den zurück gegebenen Investmentanteil zahlt.

Zum Schluss erzähle ich dir Anekdoten über den Berliner Bankier Carl Fürstenberg:

Der Bankier war ein Pünktlichkeitsfanatiker. In Berlin kursierte das Gerücht:

'Die Kutsche Fürstenbergs fährt jeden Morgen um 9 Uhr durch das Brandenburger Tor.'

Dieses Gerücht drang bis an die Ohren des Kaisers, der nach dem Motto lebte:

'L'exactitude est la politesse des rois. Pünktlichkeit ist die Höflichkeit der Könige.' \

Eines Morgens begegneten sich die Kutschen der beiden am Brandenburger Tor. Der Kaiser grüßte Fürstenberg mit einem huldvollen Winken. Er zog seine Taschenuhr heraus, um die Pünktlichkeit des Bankiers zu überprüfen. Diese war jedoch stehen geblieben. Er stellte sie auf 9 Uhr. Als um 12 Uhr die Glocke der Nikolaikirche zu schlagen begann, zog er die Uhr aus seiner Tasche. Beide Zeiger standen auf der Ziffer 12.

Der Pünktlichkeitsfanatiker Fürstenberg kam ziemlich ins Schwitzen, als seine Kutsche auf der Fahrt zu einer Autorenlesung von Jules Huret im Hotel Adlon in einen Stau geriet. Als er mit halbstündiger Verspätung eintraf, sah er am Eingang mehrere junge Männer, die sich laut unterhielten.

"Pst. Sprechen Sie bitte leiser, meine Herren", sagte Fürstenberg. "Sie sehen doch: ein Teil der Zuhörer schläft bereits."

Beim Stehempfang traf er einen Geheimrat, der stolz auf seine Ähnlichkeit mit Gerhart Hauptmann war, der wiederum gern auf seine Ähnlichkeit mit Goethe hinwies. Fürstenberg bezeichnete ihn daher nur als 'Imitation der Imitation'. Der Geheimrat fragte den Bankier nach seinem Eindruck von Jules Huret, der in kürzester Zeit Bücher über mehrere europäische Hauptstädte veröffentlicht hatte.

"Da er ständig unter Zeitdruck schreibt, neigt er zu Verallgemeinerungen", antwortete Fürstenberg. "Er schreibt zum Beispiel, dass die Berlinerinnen groß und rothaarig sind und kurze Röcke tragen, wenn er am Ausgang des Bahnhofs Friedrichstraße eine solche Dame stehen sah."

Rahmenbedingungen der Kapitalanlage

Liebe Laura,

in deinem Brief hast du gefragt: 'Soll ich einzelne Wertpapiere oder Fonds kaufen?'

Wenn du Aktien des Unternehmens A im Wert von 10 000 € kaufst und dieses Unternehmen in Konkurs geht, kann dies einen Verlust von 10 000 € für dich bedeuten (*unternehmensspezifisches Risiko*).

Wenn du jedoch 10 000 € für die Anteilscheine eines Aktienfonds bezahlst, in dem die Aktien des Unternehmens A nur 1% des gesamten Fondsvermögens betragen, führt ein Konkurs dieses Unternehmens nur zu einem Verlust von 1% der eingesetzten 10 000 €, d.h. zu einem Verlust von 100 €. Das unternehmensspezifische Risiko hast du also in diesem Fall durch die Streuung deiner Kapitalanlage auf die große Aktienzahl des Fonds um 99 % verringert. Deshalb empfehle ich dir, an Stelle von einzelnen Aktien besser Aktienfonds zu kaufen. Die Aktienfonds haben gegenüber einzelnen Aktien einen weiteren Vorteil: Du kannst eine Aktie nur verkaufen, wenn du einen Käufer an der Börse findest. Bei stark sinkenden Aktienkursen haben nur wenige Anleger den Mut, Aktien zu kaufen, weshalb es schwierig ist, einen Käufer zu finden. Einen Aktienfonds kannst du jedoch auch bei sinkenden Aktienkursen jederzeit an die Kapitalanlagegesellschaft (KAG) zurückgeben und so wieder in Bargeld umwandeln.

Wenn du eine Anleihe des Unternehmens B kaufst, kann sich die Zahlungsfähigkeit dieses Unternehmens während der Laufzeit der Anleihe sosehr verschlechtern, dass die Tilgungszahlung völlig ausfällt, was einen Verlust des gesamten von dir eingesetzten Kapitals bedeutet (so genanntes *Bonitätsrisiko*). Wenn du einen Rentenfonds kaufst, in dem die Anleihen des Unternehmens B nur 5 % des gesamten Fondsvermögens betragen, führt die Zahlungsunfähigkeit dieses Unternehmens nur zu einem Verlust von 5 % des von dir eingesetzten Kapitals. Das Bonitätsrisiko hast du in diesem Fall durch die Streuung deiner Kapitalanlage auf mehrere im Fonds liegende Anleihen um 95 % verringert. Daher empfehle ich dir, an Stelle von einzelnen Anleihen besser Rentenfonds zu kaufen.

Beim Fondskauf musst du die Entwicklung des Kapitalmarktzinses berücksichtigen. Der Börsenkurs von Aktien und Anleihen wird durch Angebot und Nachfrage bestimmt. Das Zinsniveau des Kapitalmarkts hat einen großen Einfluss auf Angebot und Nachfrage von Aktien und Anleihen. **Deshalb ist die Höhe der aktuellen Umlaufrendite ein wichtiges Entscheidungskriterium beim Kauf von Renten- oder Aktienfonds.** Unter der *Umlaufrendite* versteht man die durchschnittliche Rendite aller im Umlauf befindlichen festverzinslichen Wertpapiere erster Bonität. Sie spiegelt die Höhe des Kapitalmarktzinses wider. Im April 2015 lag die Umlaufrendite bei 0,05 %, 1981 notierte sie mit 11,43 % auf einem Allzeithoch.

Wenn neue festverzinsliche Wertpapiere mit höherem Zinssatz ausgegeben werden, besteht für die alten festverzinslichen Wertpapiere mit niedrigerem Zinssatz weniger Nachfrage. Deshalb sinkt ihr Börsenkurs. Falls in deinem Wertpapierdepot Rentenfonds liegen, sinkt der Wert dieser Fonds, da sie alte verzinsliche Wertpapiere mit niedrigerem Zinssatz enthalten. Diese Wertpapiere besitzen jedoch ein 'Sicherheitsnetz': Ihr Kurs kann zwar während der Laufzeit sinken, am Ende der Laufzeit steigt er jedoch wieder, da die Anleihen zum Nennwert zurück gezahlt werden. Danach kann der Fondsmanager neue Wertpapiere mit höherem Zins kaufen deren Börsenkurs steigt. Da die Anleger bei steigender Umlaufrendite mehr Geld für die neuen festverzinslichen Wertpapiere mit höherem Zinssatz ausgeben, haben sie weniger Geld für Aktienkäufe. Auf dem Aktienmarkt sinkt die Nachfrage und infolgedessen fallen auch die Aktienkurse. Falls in deinem Wertpapierdepot Aktienfonds liegen, sinkt aufgrund der fallenden Aktienkurse auch der Wert deiner Aktienfonds.

Ich fasse zusammen: Bei niedriger aktueller Umlaufrendite muss mit einem Anstieg der Zinsen gerechnet werden, wodurch es zu einem Wertverlust der in deinem Depot liegenden Rentenfonds und

Aktienfonds kommt. **Da der Wertverlust von Rentenfonds kleiner ist als der Wertverlust von Aktienfonds solltest du bei einer niedrigen aktuellen Umlaufrendite den Anlageschwerpunkt auf Rentenfonds legen.** Diese kannst du zu einem günstigen Preis kaufen, da die in den Rentenfonds liegenden verzinslichen Wertpapiere aufgrund des niedrigen Zinsniveaus einen niedrigen Börsenkurs haben.

Wenn neue festverzinsliche Wertpapiere mit niedrigerem Zinssatz ausgegeben werden, besteht für die alten festverzinslichen Wertpapiere mit höherem Zinssatz eine große Nachfrage. Deshalb steigt ihr Börsenkurs. Falls in deinem Depot Rentenfonds liegen, steigt der Wert dieser Fonds, da sie alte festverzinsliche Wertpapiere mit höherem Zinssatz enthalten. Da die Anleger bei sinkender Umlaufrendite weniger Geld für die neuen festverzinslichen Wertpapiere mit niedrigerem Zinssatz ausgeben, haben sie mehr Geld für Aktienkäufe. Deshalb steigen die Aktienkurse. Falls in deinem Depot Aktienfonds liegen, steigt aufgrund der höheren Aktienkurse auch der Wert deiner Aktienfonds.

Ich fasse zusammen: Bei hoher aktueller Umlaufrendite muss mit einem Sinken der Zinsen gerechnet werden, wodurch es zu einer Wertsteigerung der in deinem Depot liegenden Rentenfonds und Aktienfonds kommt. **Da die Wertsteigerung der Aktienfonds größer ist als die Wertsteigerung**

der Rentenfonds solltest du bei einer hohen aktuellen Umlaufrendite den Anlageschwerpunkt auf Aktienfonds legen. Diese kannst du zu einem günstigen Preis kaufen, da die in den Aktienfonds liegenden Aktien aufgrund der hohen Umlaufrendite einen niedrigen Börsenkurs haben.

Aufgrund höchster Protektion hatte Fürstenberg für die Fahrt von Warschau nach Berlin ein Abteil im Schlafwagen der ersten Klasse bekommen. Als der Zug anfuhr, stürzte Herr M., ein Berliner Unternehmer, den der Bankier kurz zuvor bei einem Geschäftsessen im Hotel Adlon kennen gelernt hatte, auf ihn zu:

"Herr Fürstenberg, ich sehe gerade, Ihr Oberbett ist frei. Ich zahle Ihnen jeden Preis, wenn Sie es mir überlassen."

In diesem Moment erinnerte sich Fürstenberg, dass Herr M. beim Essen furchtbar laut geschmatzt hatte, was in ihm die Assoziation eines noch lauteren Schnarchens weckte. Nachdenklich blickte er ihn an und sagte:

"Ich will mir den Vorschlag überschlafen."

Als der Zug am Morgen im Grenzbahnhof hielt, wachte er durch das Quietschen der bremsenden Räder auf. Er hörte die schneidende Stimme des Zollbeamten:

"Grenzstation, Passkontrolle!"

Einem menschlichen Bedürfnis folgend verließ er das Abteil. Übermüdet und bleich saß Herr M. auf seinem Koffer.

"Wenn ich Sie so sitzen sehe, tut es mir nachträglich leid, Ihnen mein Oberbett nicht angeboten zu haben", sagte Fürstenberg.

"Die Nacht war ja nicht so schlimm. Viel schlimmer ist, dass der Zollbeamte mich soeben zusammengestaucht hat, weil ich gestern vergaß, meinen Pass an der Hotelrezeption abzuholen. Dieser sture Beamte ist weder durch meine Bitten noch durch ein Bestechungsangebot in Schwindel erregender Höhe zu bewegen, mich nach Deutschland einreisen zu lassen."

In diesem Augenblick kam der Zollbeamte aus einem benachbarten Zugabteil. Der Bankier ging zu ihm und sagte einige Worte. Danach kam der Beamte und tippte mit dem Finger an seine Mütze.

"Sie können einreisen."

Herr M. wäre dem Bankier am liebsten um den Hals gefallen. Er ging zu ihm und drückte seine Hand.

"Herzlichen Dank, Herr Fürstenberg. Aber was haben Sie denn zu diesem sturen, preußischen Beamten gesagt?"

"Ich habe ihm einen dienstlichen Befehl erteilt und er hat geantwortet: Ja, wenn es ein dienstlicher Befehl ist."

Fondsauswahlkriterien

Liebe Laura,
in deinem letzten Brief hast du gefragt:
'Was soll ich bei der Fondsauswahl beachten?'
Wenn beim Kauf des Fonds von der Kapitalanlagegesellschaft (KAG) ein *Ausgabeaufschlag* verlangt wird, solltest du dessen Höhe mit der *Provision* vergleichen, die beim Kauf über die Börse zu zahlen ist. Im Fall einer niedrigeren Provision solltest du den Fonds über die Börse kaufen. Fonds, die an der Börse gehandelt werden, haben einen weiteren Vorteil: Die Kapitalanlagegesellschaft kann die Rücknahme deiner Anteilscheine aussetzen, wenn außergewöhnliche Umstände eine Aussetzung erforderlich machen. In diesem Fall kannst du deine Anteilscheine an der Börse verkaufen. Es gibt Fonds, für die zwar kein Ausgabeaufschlag erhoben wird, dafür jedoch eine sehr hohe jährliche *Verwaltungsgebühr*. Den großen Einfluss laufender Kosten veranschaulicht K.H. Schmidt durch folgendes Beispiel. Ohne laufende Kosten vermehren sich Fondsanteile in Höhe von 10 000 € bei einer Rendite von 8 % in 30 Jahren auf 100 626 €. Bei einer jährlichen Verwaltungsgebühr von 2,5 % bleiben dem Anleger nach 30 Jahren nur noch 49 839 €. Außer der Handelbarkeit über die Börse empfehle ich dir folgende weitere Auswahlkriterien: Du solltest nur Investmentfonds kaufen, die in Euro

abgerechnet werden, da bei Fonds in Fremdwährungen ein erhebliches Währungsrisiko besteht. Mindestens eine der Ratingagenturen sollte dem Fonds eine überdurchschnittliche Qualität bescheinigen. Die beste beziehungsweise schlechteste Bewertung (in Klammern) der *Ratingagenturen* sind: Eurofonds: 1 (5), Feri: A (E), Lipper Leaders: 5 (1), Morningstar: 5 Sterne (1 Stern), Standard & Poors: Platinum (Grading removed). Unter Berücksichtigung dieser Auswahlkriterien kannst du nun mit Hilfe des Internets Investmentfonds auswählen. Alle hierfür erforderlichen Zahlen findest du im Internetportal **www. onvista. de**

Auf der Eingangsseite eines Fonds findest du die aktuellen Börsenkurse, wenn der Fonds an der Börse gehandelt wird. Ferner findest du auf dieser Seite: die jährliche Verwaltungsgebühr, den Ausschüttungstermin, die Höhe der letzten Ausschüttung und die Bewertungen der Ratingagenturen. Unter dem Stichwort 'Kennzahlen' findest du Links zur Wertentwicklung (Performance) und zu den Risikomaßen (z. Bsp. Volatilität).

Durch einen Klick auf 'Fonds' findest du die Fondsarten Aktienfonds, Rentenfonds und Geldmarktfonds. Jede Fondsart wird entsprechend dem Anlageschwerpunkt in verschiedene Untergruppen aufgeteilt. Wenn du z. Bsp. Rentenfonds mit dem Anlageschwerpunkt 'Renten International' suchst, findest du diese durch folgende Links:

1. Fonds 2. Fonds Typ auswählen 3. Rentenfonds.
4. Schwerpunkt auswählen 5. Renten International.
Wenn du den 1. Fonds einer Untergruppe anklickst
findest du unter dem Stichwort 'Performancerang-
liste des Anlageschwerpunktes, 1 Jahr' eine Rangliste der Fonds dieser Untergruppe entsprechend
ihrer Performance. Durch den Vergleich der Per-
formancespannen kannst du die Untergruppen mit
der höchsten Performance ermitteln. Aus diesen
Untergruppen wählst du die Fonds mit der höchsten Performance aus. Danach suchst du in diesen
Fonds die den Auswahlkriterien entsprechenden
Fonds. Auf der Basis dieser Fonds berechnest du
die durchschnittliche Performance, Verwaltungsgebühr und Volatilität für die drei Fondsarten
Aktienfonds, Rentenfonds und Geldmarktfonds
(jeweils pro Jahr).
Aufgrund dieser Zahlen kannst du entscheiden,
welche Fondsarten du kaufst. Dies möchte ich dir
anhand der folgenden, im April 2015 vorliegenden
Durchschnittszahlen erklären:

	AF	RF	GMF
Performance	12,44%	11,10 %	3,59%
Verwaltungsgebühr	1,52%	0,70%	0,35%
Volatilität	10,85%	1,99%	0,35%

Die Durchschnittsrendite der Aktienfonds ergibt
sich aus folgenden Zahlen: Performance (12,44%)
abzüglich Verwaltungsgebühr (1,52%) = 10,92 %.
Die Durchschnittsrendite der Rentenfonds ergibt

53

sich aus folgenden Zahlen: Performance (11,10 %) abzüglich Verwaltungsgebühr (0,70 %) = 10,40 %. Das Kursschwankungsrisiko der Aktienfonds ist mit 10,85 % rund fünf mal höher als das Risiko der Rentenfonds (1,99 %). Aufgrund der geringen Renditedifferenz zwischen Aktienfonds und Rentenfonds und wegen des viel höheren Kursrisikos der Aktienfonds sprechen die vorliegenden Zahlen dafür, das Kapital nicht in Aktienfonds anzulegen sondern nur auf Rentenfonds und Geldmarktfonds zu verteilen.

Diese Entscheidung wird auch durch die Einbeziehung der Kapitalmarktzinsentwicklung gestützt. Da die Umlaufrendite mit 0,05 % derzeit (im April 2015) sehr niedrig ist, wird es im Fall eines Zinsanstiegs zu einem Wertverlust der im Depot liegenden Rentenfonds und Aktienfonds kommen. Da die Rentenfonds ein 'Sicherheitsnetz' besitzen, wird ihr Wertverlust geringer sein als der Wertverlust der Aktienfonds. Deshalb solltest du aufgrund der niedrigen Umlaufrendite keine Aktienfonds kaufen sondern den Anlageschwerpunkt auf Rentenfonds und Geldmarktfonds legen.

Die beste Fonds - Strategie

Liebe Laura,

in deinem letzten Brief schreibst du:

'Jetzt weiß ich zwar, dass ich den Anlageschwerpunkt auf Rentenfonds und Geldmarktfonds legen soll, aber in welchem Mengenverhältnis soll ich diese Fonds kaufen?'

Meine Antwort möchte ich durch eine kurze Geschichte einleiten:

Im Juni 1974 kam es zum größten Bankkonkurs der Nachkriegsgeschichte. Infolge von *Devisenspekulationen* hatte die Herstatt Bank, eine angesehene Kölner Privatbank, Verluste in Höhe von 500 Millionen DM gemacht. Das Eigenkapital der Bank betrug nur 77 Millionen DM. Am 26. Juni 1974 ordnete das Bundesaufsichtsamt für das Kreditwesen die Schließung der Bank an. Am nächsten Tag kam es vor dem Bankhaus zu Tumulten der empörten Kunden, die einen Polizeischutz des Gebäudes erforderlich machten.

Aufgrund dieses Konkurses gründeten die deutschen Banken verschiedene *Einlagensicherungsfonds* zum Schutz der Spareinlagen ihrer Kunden. Da für die Banken keine Pflicht besteht, Mitglied eines Einlagensicherungsfonds zu werden, gibt es auch Banken, die keinem dieser 'Feuerwehrfonds' angehören. Bei diesen Banken tritt im Fall eines Konkurses folgende gesetzliche Entschädigung ein:

Der Kunde erhält 100% seiner Spareinlagen zurück, maximal jedoch 100 000 €. Wer seiner Bank einen höheren Betrag anvertraut hat, sollte sich im Internet (unter www.bankenverband.de) erkundigen, ob sie Mitglied in einem *Einlagensicherungsfonds* ist. Dieser übernimmt im Fall einer Bankinsolvenz den Einlagenteil, der die 100 000 Eurogrenze übersteigt. Er schützt das Geld, welches die Kunden auf dem Girokonto, dem Sparbuch oder als Termingeld angelegt haben sowie auf den Namen des Kunden lautende Sparbriefe.

Die in einem Depot befindlichen, als *Sondervermögen* geführten Aktien und Investmentfonds fallen bei einer Bankinsolvenz nicht unter die Konkursmasse. Der Kunde kann diese Wertpapiere auf eine andere Bank übertragen lassen.

Alle Kunden der Herstatt Bank, welche ihr gesamtes Vermögen auf einem Sparbuch angelegt hatten, erlitten durch den Zusammenbruch der Bank einen schmerzhaften Vermögensverlust. Sie hatten gegen den wichtigsten Grundsatz der Vermögensanlage verstoßen. Dieser lautet: Verteile dein Vermögen auf verschiedene Anlageformen.

Nun will ich dir erklären wie du diese Verteilung am besten vornimmst:

Das Mengenverhältnis von Rentenfonds (RF) und Geldmarktfonds (GMF) kannst du entsprechend dem Verhältnis der Performance von RF(11,10%) und GMF (3,59%) bestimmen.

Die Berechnung solltest du mit Hilfe der folgenden *Gewichtungs-Formel* durchführen:

Gesamte Anlagesumme dividiert durch Performancesumme von RF und GMF mal Performance der jeweiligen Fondsart = Anlagesumme der Fondsart.

Beispiel: Anlagesumme 10 000 €.

Rentenfondsanteil: 10 000 € dividiert durch 14,69 (=11,10 + 3,59) mal 11,10 = 7556 €.

Geldmarktfondsanteil: 10 000 € dividiert durch 14,69 mal 3,59 = 2444 €.

Hieraus ergeben sich folgende Renditen pro Jahr:

Rentenfonds: 7556 x 10,40 % = 786 €.

Geldmarktfonds: 2444 x 3,24 % = 79 €.

Nun kaufst du RF im Wert von 7600 € und GMF im Wert von 2400 € über die Börse.

Ich erkläre dir jetzt, wie du Fonds über die Börse kaufen kannst:

Du rufst zunächst über **www.boerse-stuttgart.de** die Homepage der Börse Stuttgart auf. Danach gibst du zum Beispiel bei der 'Kurs- und Schlagwortsuche' die Wertpapierkennnummer (WKN) des 'DWS-Ring-Rentenfonds' ein: 847406.

Nun siehst du beispielsweise das folgende Kaufangebot: Geld 26,31 1250 Stück.

Das bedeutet: Es gibt Käufer, die 1250 Stück zum *Geld-Kurs* von 26,31 € kaufen wollen. Daneben siehst du beispielsweise das folgende Verkaufsangebot:

Brief 26,34   1250 Stück.

Das bedeutet: Es gibt Verkäufer, die bereit sind, 1250 Stück zum *Brief-Kurs* von 26,34 € zu verkaufen. Du kannst den Fonds also in Stuttgart zum Brief-Kurs von 26,34 € kaufen.

Ich rate dir, nun zu prüfen, ob du den Fonds bei einer anderen Börse günstiger bekommst. Über den Link 'Börsen' kannst du die Brief-Kurse anderer Börsen aufrufen, zum Beispiel :

Frankfurt 26,45 Hamburg 26,47 Düsseldorf 26,48 Berlin 26,35 München 26,35.

Da der Brief-Kurs in Stuttgart am günstigsten ist, kaufst du den Fonds in Stuttgart.

Wenn deine Anlagesumme 10 000 € beträgt, sind Bank- und Börsengebühren von etwa 1 % abzuziehen. Für die verbleibenden 9900 € kannst du 375 Stück kaufen. Jetzt brauchst du nur noch deine Bank anrufen und ihr den Auftrag erteilen:

"Kaufen Sie bitte über die Börse Stuttgart 375 Stücke des 'DWS-Ring-Rentenfonds' ISIN DE000 8474065, billigst, tagesgültig."

Danach erscheint innerhalb kurzer Zeit bei der Börse Stuttgart die Anzeige:

Last   26,34 375 Stück.

Jetzt weißt du: Dein Auftrag wurde an der Börse Stuttgart ausgeführt.

Zum Schluss kannst du deine Ersparnisse berechnen. Die Differenz zwischen dem teuersten Brief-Kurs in Düsseldorf (26,48 €)   und dem billigsten

58

Brief-Kurs in Stuttgart beträgt 0,14 €, für 375 Anteile also 52,50 €.

Der Unterschied zwischen dem Brief-Kurs der Börse Stuttgart (26,34 €) und dem bei www.onvista.de abrufbaren *Ausgabepreis* der Fondsgesellschaft (27,58 €) beträgt 1,24 €, für 375 Anteile 465 €. Die Gesamtersparnis beträgt also: 465 € + 52,50 € = 517,50 €.

Beim Fondskauf empfehle ich dir folgendes Vorgehen: Du berechnest jeweils die prozentuale Differenz zwischen dem billigsten Brief-Kurs und dem aktuellen *Rücknahmepreis* und kaufst den Fonds, bei dem diese Differenz am kleinsten ist, da der Fonds in diesem Fall am schnellsten wieder ohne Verlust verkauft werden kann.

Den Gesamtgewinn aller Rentenfonds solltest du realisieren, indem du jeweils diejenigen Rentenfonds außerbörslich an die Kapitalanlagegesellschaft zurückgibst, welche seit dem Kauf die geringste prozentuale Rendite erzielten. Hierdurch erhöht sich die durchschnittliche Rendite der im Depot verbleibenden Rentenfonds.

Ich empfehle dir, den realisierten Kursgewinn jeweils in hochrentable Aktienfonds anzulegen. Du solltest nur Aktienfonds kaufen, deren Performance die Performance des *MSCI World Index* deutlich übertrifft. Der MSCI World ist ein Aktienindex, der die Aktienentwicklung von 23 Industrieländern widerspiegelt.

Wenn du die von allen Rentenfonds erzielten Kursgewinne jeweils für den Kauf von hochrentablen Aktienfonds verwendest, kannst du mit dieser leicht verständlichen Fonds-Strategie die schwierige Aufgabe lösen, mit einer einzigen Wertpapierform (hochrentable Aktienfonds) alle drei Anlageziele des *magischen Dreiecks* zu verwirklichen:

Die *Rendite* dieser Aktienfonds ist sehr hoch, da sie die Rendite des MSCI Index übertrifft. Unter *Sicherheit* versteht man den Erhalt des eingesetzten Eigenkapitals. Bei einem Kursverlust dieser Aktienfonds kommt es zwar zu einer Verringerung des Ertrags, den du in Form von Kursgewinnen und Ausschüttungen der Rentenfonds bekommen hast. Dein für den Kauf der Rentenfonds eingesetztes Eigenkapital bleibt jedoch erhalten. Außerdem kannst du einen Kursverlust der Aktienfonds begrenzen. Wenn ihr Kurs z. Bsp. um den zum Zeitpunkt des Kaufs ermittelten Prozentsatz der Volatilität sinkt, kannst du die Fondsanteile an die Kapitalanlagegesellschaft zurückgeben. Dadurch bleibt dir ein großer Teil des Gewinns erhalten. Bei einem steigenden Kurs der Aktienfonds solltest du den Rückgabekurs (= aktueller Kurs minus Volatilität) monatlich neu berechnen. Da du die Fondsanteile jederzeit an die Kapitalanlagegesellschaft zurückgeben bzw. über die Börse verkaufen kannst, haben die Aktienfonds auch eine gute *Liquidität*.

Modellrechnung der besten Fonds-Strategie

Liebe Laura,

du hast mich aufgefordert, die in meinem letzten Brief dargestellte Fonds-Strategie anhand von konkreten Kaufs- Verkaufs- und Kursgewinnzahlen zu veranschaulichen.

Dies will ich gerne tun, jedoch mit der folgenden Einschränkung: Dieses Buch wird in den deutschsprachigen Ländern Deutschland, Österreich und Schweiz gelesen. Der beim Verkauf eines Investmentfonds erzielte Kursgewinn wird in diesen drei Ländern unterschiedlich besteuert. In der Schweiz ist dieser Kursgewinn bei Einhaltung einer Spekulationsfrist steuerfrei. In Deutschland und Österreich jedoch wird immer eine *Abgeltungssteuer* in Höhe von 25 Prozent des Kursgewinns abgezogen. Aufgrund der unterschiedlichen Besteuerung in diesen drei Ländern wird die Frage der Besteuerung im nachfolgenden Kapitalanlagemodell nicht berücksichtigt.

Zunächst solltest du bei www.onvista.de ermitteln, welche Untergruppen der **Rentenfonds** in den letzten 5 Jahren die höchsten Renditen erzielten. Im April 2015 waren dies: Renten 'international', Renten mit Schwerpunkt 'Unternehmensanleihen' und Renten mit Schwerpunkt 'Emerging Markets'. Dann solltest du bei www.onvista.de in den 5 - Jahres-Performanceranglisten dieser Untergruppen die 5 Fonds mit der besten 5 - Jahresperformance auswählen. Danach suchst du die den Auswahlkriterien entsprechenden Rentenfonds. Indem du von der 5 - Jahresperformance die Verwaltungsgebühr (5 mal Verwaltungsgebühr pro Jahr) abziehst, erhältst du die 5 - Jahresrendite dieser Fonds. Derzeit (4/2015, DAX: 12 000 €) handelte es sich um folgende Renditen:

Fonds	WKN	Rendite (5 Jahre)
Nr.1	806087	68,94 %
Nr.2	A0DKRO	66,29 %
Nr.3	580521	61,47 %
Nr.4	552769	60,32 %
Nr.5	A0J4KC	59,04 %
Summe		316,06 %

Wenn du z. Bsp. für einen Anlagebetrag von 10 000 € die optimale Gewichtung der 5 Fonds ermitteln möchtest, kannst du den Anlagebetrag mit Hilfe der *Gewichtungs-Formel* berechnen: Anlage - betrag geteilt durch Renditesumme der 5 Fonds mal Rendite des Fonds = Anlagebetrag des Fonds. Beim Fonds Nr. 1 berechnest du den Anlagebetrag folgendermaßen:

10 000 € : 316 x 68,94 = 2181 € (21,81 %).
Nr.2: 2097 € (20,97 %), Nr.3: 1945 € (19,45 %),
Nr.4: 1908 € (19,08 %), Nr.5: 1867 € (18,67 %).
Jetzt kannst du die 5 - Jahresrendite der fünf Fonds

unter Berücksichtigung der prozentualen Gewichtung der fünf Anlagebeträge ermitteln. Bei einer Anlage von 10 000 € wurden folgende 5 - Jahresrenditen erzielt:

Fonds	Gewichtung	Anlage	Rendite %	Rendite €
Nr.1	21,81 %	2181 €	68,94 %	1503,58
Nr.2	20,97 %	2097 €	66,29 %	1390,10
Nr.3	19,45 %	1945 €	61,47 %	1195,59
Nr.4	19,08 %	1908 €	60,32 %	1150,90
Nr.5	18,67 %	1867 €	59,04 %	1102,27
Summe				6342.44

Die Summe der Renditen aller Rentenfonds betrug im Zeitraum von 5 Jahren 6342,44 € (63,42 %). Im Zeitraum von 1 Jahr betrug die Rendite 6342,44 € : 5 = 1268,48 € = **12, 684 %**

Danach solltest du ermitteln, welche Untergruppen der **Aktienfonds** die höchsten 5 - Jahresrenditen erzielten. Aus derzeitiger Sicht (4/2015) waren dies: Aktienfonds 'international' und Aktienfonds USA. Derzeit (4/2015) hatten folgende, den Auswahlkriterien entsprechenden Fonds die höchste Rendite:

Fonds	WKN	Rendite (5 Jahre)
Nr.1	976997	341,27 %
Nr.2	A0NGWZ	159,83 %
Nr.3	A0LF03	146,82 %
Nr.4	941117	146,65 %
Nr.5	A0Q602	145,76 %
Summe		940,33 %

Die Renditesumme aller 5 Fonds betrug 940,33 %.
Mit Hilfe der *Gewichtungs - Formel* kannst du bei
einer Anlagesumme von 10 000 € die optimale Gewichtung der 5 Fonds berechnen, z. Bsp. beim
Fonds Nr. 1: 10000 € : 940,33 x 341,27 = 3629 €
(36,29 %). Nr. 2: 1700 € (17 %), Nr. 3: 1561 €
(15,61 %), Nr. 4: 1560 € (15,60 %), Nr. 5: 1550 €
(15,50 %).
Jetzt kannst du die Rendite der fünf Aktienfonds
unter Berücksichtigung der prozentualen Gewichtung der Anlagebeträge berechnen. Bei einer Anlage von 10 000 € wurden folgende Renditen durch
die fünf Aktienfonds erzielt:

Fonds	Gewichtung	Anlage	Rendite %	Rendite €
Nr.1	36,29 %	3629 €	341,27%	12384,68
Nr.2	17,00 %	1700 €	159,83 %	2717,11
Nr.3	15,61 %	1561 €	146,82 %	2291,86
Nr.4	15,60 %	1560 €	146,65 %	2287,74
Nr.5	15,50 %	1550 €	145,76 %	2259,28
Summe				21940,67

Die Renditesumme aller 5 Aktienfonds betrug im
Zeitraum von 5 Jahren 21940,67 € (219,40 %). Im
Zeitraum von 1 Jahr betrug die Rendite 21940,67 €
: 5 = 4388,13 € = **43,881 %**
Bei einer durchschnittlichen Gewichtung der Anla-
gebeträge (d. h. 2000 € je Aktienfonds) beträgt die
Rendite 18 806,60 €, bei einer renditeabhängigen
Gewichtung der Anlagebeträge 21 940,67 €, also
3134,07 € (16,66 %) mehr.

Der Gewinn, den ein Fonds in der Vergangenheit erzielt hat, bietet keine Gewähr dafür, dass der Fonds den gleichen Gewinn auch in der Zukunft erzielt. Bei aktiv verwalteten Fonds besteht jedoch eine gewisse Wahrscheinlichkeit, dass die von einem Top - Fondsmanager in der Vergangenheit erzielte gute Performance auch in Zukunft erzielt wird. Deshalb gehe ich in dieser Modellrechnung von einer gleichen zukünftigen Performance aus. In diesem Fall wird die Renditesumme aller 5 Rentenfonds auch in den nächsten 5 Jahren etwa 6300 € betragen. Dieser Gewinn der Rentenfonds muss durch die Rückgabe von Anteilscheinen realisiert und danach in Aktienfonds angelegt werden. Nach Abzug der Bankgebühr (1 %) beträgt die Anlagesumme 6237 €. Die Anlage in Aktienfonds erzielt jedoch nur dann eine Rendite von 43 %, wenn die Renditen der 5 Aktienfonds bei der Berechnung der Anlagebeträge aller 5 Aktienfonds berücksichtigt werden. Aufgrund der bereits berechneten, renditeabhängigen prozentualen Gewichtung ergeben sich folgende Anlagebeträge der fünf Aktienfonds:

Anlagesumme		Gewichtung	Anlagebetrag
Nr.1	6237 €	36,29 %	2263 €
Nr.2	6237 €	17,00 %	1060 €
Nr.3	6237 €	15,61 %	973 €
Nr.4	6237 €	15,60 %	972 €
Nr.5	6237 €	15,50 %	966 €

Ich empfehle dir, die durch Anteilscheinrückgabe realisierten Gewinne der Rentenfonds zunächst bis zu einer Höhe von 2263 € in den Aktienfonds Nr.1 zu investieren, dann bis zu 2263+1060 = 3323 € in den Fonds Nr.2, dann bis zu 3323+973 = 4296 € in den Fonds Nr. 3, dann bis zu 5268 € in den Fonds Nr. 4 und zum Schluss bis zu 6237 € in den Fonds Nr. 5. Begründung: Wenn die Fonds mit der höheren Rendite eine längere Laufzeit haben als die Fonds mit der niedrigeren Rendite, erhöht sich die Summe der Renditen aller fünf Aktienfonds.

Um dir zu demonstrieren, dass man eine gute 5 - Jahresrendite erzielen kann, wenn man die Kursgewinne aller 5 Rentenfonds jährlich durch die Rückgabe von Anteilscheinen realisiert und in Aktienfonds investiert, werde ich nun die Rendite berechnen, die man mit dieser Strategie im Zeitraum vom 01.04.2010 bis zum 31.03.2015 erzielt hätte.

<u>01.04.2010</u>

Kauf von Rentenfonds in Höhe von 10 000 €.

Kursgewinn der Rentenfonds:

10 000 x 12,684 % = **1268,40 €.**

Depotwert am 31.03.2011: 11268,40 €.

<u>01.04.2011</u>:

Realisierung des Kursgewinns der Rentenfonds (1268,40 €) durch Rückgabe von Anteilscheinen.

Kauf von Aktienfonds in Höhe von (1268,40 € abzüglich 1 % Bankgebühr) =1255,72 €.

Gesamtwert der Aktienfonds: 1255,72 €.

Kursgewinn der Aktienfonds:
1255,72 x 43,881 % = **551,02 €**.

Kursgewinn der Rentenfonds:
10 000 x 12,684 % = **1268,40 €**.

Depotwert am 31.3.2012: 13087,82 €.

01.04.2012

Realisierung des Kursgewinns der Rentenfonds
(1268,40 €) durch Rückgabe von Anteilscheinen.
Kauf von Aktienfonds in Höhe von 1255,72 €.
Gesamtwert der Aktienfonds: 3062,46 €.

Kursgewinn der Aktienfonds:
3062,46 x 43,881 % = **1343,83 €**.

Kursgewinn der Rentenfonds:
10 000 x 12,684 % = **1268,40 €**.

Depotwert am 31.3.2013: 15700,05 €

01.04. 2013:

Realisierung des Kursgewinns der Rentenfonds
(1268,40 €) durch Rückgabe von Anteilscheinen.
Kauf von Aktienfonds in Höhe von 1255,72 €.
Gesamtwert der Aktienfonds: 5662,01 €.

Kursgewinn der Aktienfonds:
5662,01 x 43,881 % = **2484,54 €**.

Kursgewinn der Rentenfonds:
10 000 x 12,684 % = **1268,40 €**.

Depotwert am 31.03.2014: 19452,99 €.

01.04. 2014:

Realisierung des Kursgewinns der Rentenfonds
(1268,40 €) durch Rückgabe der Anteilscheine.
Kauf von Aktienfonds in Höhe von 1255,72 €.

Gesamtwert der Aktienfonds: 9402,27 €.

Kursgewinn der Aktienfonds:

9402,27 x 43,881 % = **4125,81 €.**

Kursgewinn der Rentenfonds:

10 000 x 12,684 % = **1268,40 €.**

Depotwert am 31.03.2015: **24 847,20 €.**

Innerhalb von 5 Jahren betrugen die Kursgewinne der Rentenfonds 5 x 1268,40 € = 6342 € (63,42 %) und die Kursgewinne der Aktienfonds 8505,20 € (85,05 %). Die **Summe der Kursgewinne** betrug im Zeitraum von 5 Jahren 14847,20 € (148,47 %), im Zeitraum von einem Jahr 14847,20 € : 5 = **2969,44 €. Dieser Betrag entspricht einem prozentualen Kursgewinn pro Jahr in Höhe von 29,69 %.**

Liebe Laura,

da du mir geschrieben hast, dass dir die geistreichen Bonmots von Fürstenberg gut gefallen, erzähle ich dir zum Schluss wieder eine Anekdote:

Herr A., ein Neureicher mit einem umgekehrt proportionalen Verhältnis von Vermögen und Intelligenz, erkundigte sich regelmäßig bei Fürstenberg nach neuen Börsentipps. Eines Tages begegnete er dem Bankier, als dieser in seine Kutsche stieg. Da er einen Börsentipp benötigte, fragte er:

"Können wir zusammen fahren?"

"Schon beim Gedanken daran fahre ich zusammen", rief der Bankier ihm aus der abfahrenden Kutsche zu.

68

Die Abgeltungssteuer

Liebe Laura,

du hast in deinem Brief drei Fragen zur *Abgeltungssteuer* gestellt. Erstens möchtest du wissen, was man unter diesem Begriff versteht. Bevor ich dir die Abgeltungssteuer erkläre, berichte ich, wie sie entstand. Gemäß dem herrschenden Steuerregime mussten Großverdiener vor Einführung der Abgeltungssteuer eine Spitzensteuer bis 42 Prozent auf Kapitalerträge zahlen. Diese Anleger erwiesen sich jedoch oft als Spitzenkünstler beim Umgehen der Kapitalertragsteuer, indem sie steuerpflichtige Erträge in steuerfreie Kursgewinne umwandelten. Die Spitzensteuer von 42 Prozent stand zwar auf dem Papier, der Fiskus ging jedoch häufig leer aus. Deshalb wurde im Bundesfinanzministerium die Losung ausgegeben:

"Besser 25 % von x als 42 % von nix."

Vor diesem Hintergrund erblickt am 1. Januar 2009 eine Steuer das Licht der Welt, die den Namen *Abgeltungssteuer* erhält. Diesen Namen bekommt sie, da mit ihrem Abzug die Kapitalertragsteuer abgegolten ist.

Die Abgeltungssteuer gehört zu den Quellensteuern. Von einer *Quellensteuer* spricht man, wenn die Steuer von der auszahlenden Bank abgezogen wird. Seit dem 1.1.2009 zieht deine Bank automatisch diese Steuer ab und überweist sie an das Finanzamt.

Der *Steuersatz* beträgt einheitlich für alle Kapital-erträge 25 %, mit dem *Solidaritätszuschlag* 26,37 %. Mit der Kirchensteuer ergibt sich eine Belastung von 27,81 % (bei einer 8%igen Kirchensteuer) und rund 28 % (bei einer 9%igen Kirchensteuer).

Auf einem Spaziergang durch den Münchner Hof-garten begegnete ich gestern 'Edelzwicker', den ich auf einer Reise an die französische Riviera kennen gelernt hatte. Er verdankte seinen Spitznamen der Tatsache, dass er in jedem Restaurant auf die Frage nach seinem Getränkewunsch antwortete:

"Haben Sie einen Edelzwicker?"

Wenn der Kellner dann erklärte, diesen Wein aus dem Elsass leider nicht zu haben, rümpfte er pi-kiert die Nase.

In La Turbie machten wir Halt auf einem Aus-sichtspunkt, wo man einen traumhaften Blick auf den Hafen von Monaco hat. Als 'Edelzwicker' durch sein Fernglas einige deutsche Jachten er-spähte, machte er sich mit wütender Stimme Luft:

"Da liegen diese prominenten Steuerflüchtlinge auf dem Deck ihrer Luxusjachten und verprassen ihr in Deutschland verdientes Millionenvermögen, ohne einen einzigen Cent für den deutschen Fiskus zu berappen."

Die Adern auf seiner Stirn schwollen bedrohlich an. Als ich ihn fragte, weshalb er sich denn mitten in seinem Urlaub so aufrege, stellte er sich mit einer amtlich klingenden Stimme vor:

"Steuerinspektor Karl Zwickel, Abteilung Steuerfahndung."

Ich wollte mir die Chance nicht entgehen lassen, mit ihm über die von dir gestellten Fragen zu sprechen. Deshalb lud ich ihn in die Prominentenherberge 'Bayerischer Hof' zum Mittagessen ein.

Als der Oberkellner ihm die Getränkekarte anbieten wollte, sagte er:

"Haben Sie einen Edelzwicker?"

Der Oberkellner nickte bejahend; 'Edelzwicker' lächelte anerkennend. Das Restaurant hatte den Qualitätstest bestanden.

Zur Eröffnung unseres Gesprächs gab ich deine zweite Frage an ihn weiter:

"Wie hoch ist der Sparer-Freibetrag?"

"Bei der Abgeltungssteuereinführung wurden der Sparer-Freibetrag und die Werbungskostenpauschale zu einem *Sparer-Pauschbetrag* vereint. Dieser beträgt 801 €, für zusammen veranlagte Ehegatten oder Lebenspartner 1602 €. Um den Sparer-Pauschbetrag zu nutzen, musst du bei deiner Bank beziehungsweise, wenn du mehrere Konten hast, bei allen Banken Freistellungsanträge einreichen. Die Summe aller Anträge darf den Betrag von 801€ beziehungsweise 1602 € nicht überschreiten."

Auch deine dritte Frage gab ich an Karl weiter:

"Kann man die Abgeltungssteuer senken, indem man Gewinne mit erlittenen Verlusten verrechnet?"

"Mit der Abgeltungssteuereinführung wurden die

Verrechnungsmöglichkeiten eingeschränkt. Früher konntest du Verluste aus Kapitalanlagen mit Gewinnen aus allen anderen Einkunftsarten verrechnen. Jetzt darfst du Verluste aus Kapitalanlagen nur noch mit Gewinnen aus Kapitalanlagen verrechnen. Aktienverluste dürfen nur noch mit Aktiengewinnen verrechnet werden. Deshalb schichten die schlauen Anleger ihre Aktien in Aktienfonds um, deren Verluste mit allen abgeltungssteuerpflichtigen Gewinnen verrechnet werden können."

"Muss ich die Verlust- und Gewinnrechnungen selbst durchführen?"

"Nein. Die Bank führt für dich einen so genannten *Verlustverrechnungstopf*. Erst wenn eventuelle, in deinem Depot entstandene Verluste durch Gewinne ausgeglichen und dein Sparer - Pauschbetrag voll ausgeschöpft ist, werden für die danach entstehenden Gewinne Abgeltungssteuern an das Finanzamt abgeführt. Verluste, die nicht mit Gewinnen verrechnet werden konnten, werden in das nächste Kalenderjahr übertragen und mit eventuellen Gewinnen dieses Jahres verrechnet."

Nach dem Menü bedankte sich 'Edelzwicker' für die Einladung, wobei er es nicht versäumte, die exquisite Qualität des vom Sommelier kredenzten Edelzwickers in den höchsten Tönen zu rühmen. Wir vereinbarten, uns bald zu einem weiteren Gespräch über die Abgeltungssteuer zu treffen.

Verlierer und Gewinner der Abgeltungssteuer

Liebe Laura,
um die Kellnerin nicht dem Risiko der obligaten Edelzwicker-Frage auszusetzen, lud ich 'Edelzwicker' beim nächsten Treffen auf die Ilkahöhe zu Kaffee und Kuchen ein. Dort hatten wir eine herrliche Aussicht auf den azurblauen Starnberger See und die von weiß schimmernden Schneemützen bedeckten Alpenspitzen.

Als Eröffnung des Gesprächs zitierte ich das Urteil von Stefan Seip, dem Hauptgeschäftsführer des Fondsverbandes BVI, über die Abgeltungssteuer:

'Deutschland wird mit dieser undifferenzierten Besteuerung auch langfristiger Veräußerungsgewinne zu einem Hochsteuerland für Aktienanleger."

"Das muss ich allerdings bestätigen. Vor der Einführung der Abgeltungssteuer waren die beim Verkauf realisierten Kursgewinne steuerfrei, wenn zwischen Kauf und Verkauf eine einjährige *Spekulationsfrist* eingehalten wurde. Jetzt müssen alle Kursgewinne versteuert werden. Früher wurde nur die Hälfte der Dividende besteuert. Jetzt muss die ganze Dividende versteuert werden."

"Ich halte die Abgeltungssteuer für unsozial, da sogar Kleinanleger durch sie finanzielle Verluste erleiden. Früher gab es eine Freigrenze von 512 €, bis zu der Aktiengewinne nicht versteuert wurden.

Mit der Abgeltungssteuereinführung wurde diese Freigrenze aufgehoben."

"Kleinanleger, insbesondere Rentner, Studenten oder Minderjährige, können beim Finanzamt eine *Nichtveranlagungsbescheinigung* beantragen, wenn ihr Jahreseinkommen unter dem *Grundfreibetrag* liegt und diese Bescheinigung bei ihrer Bank einreichen. Die Bank wird dann keine Abgeltungssteuer abziehen beziehungsweise eine bereits abgezogene Abgeltungssteuer erstatten."

"Die Abgeltungssteuer ist meines Erachtens ungerecht, da vor allem gut verdienende Investoren von ihr profitieren. Früher mussten diese für Zinserträge eine Spitzensteuer bis zu 42 Prozent zahlen. Die 25 %ige Abgeltungssteuer bedeutet für sie eine Steuersenkung von 40 %. Anleger mit einem Steuersatz unter 25 % sind jedoch die Dummen, da sie 25 % Abgeltungssteuer bezahlen müssen."

"Liegt der Steuersatz unter 25 % kann die zuviel gezahlte Abgeltungssteuer über das Finanzamt zurückgefordert werden. Hierzu muss man in der Einkommenserklärung alle Einkünfte angeben und die von der Bank bereits abgezogene Abgeltungssteuer mit der *Jahressteuerbescheinigung* der Bank gegenüber dem Finanzamt nachweisen. Das Finanzamt ermittelt dann durch eine *Günstigerprüfung*, ob sich bei Einbeziehung der Kapitalerträge in die Steuererklärung eine günstigere Steuer ergibt als bei Anwendung der Abgeltungssteuer."

"Gibt es Kapitalerträge, die nicht von der Abgeltungssteuer erfasst werden?"

"Ja, zum Beispiel Gewinne aus dem Verkauf von Immobilien. In diesem Fall erfolgt die Besteuerung zum individuellen Einkommensteuersatz."

"Mein Freund wird ein vermietetes Haus, das er für 600 000 Euro gekauft hat, für 1 Million Euro verkaufen. Mit welcher Steuer wird der Gewinn in Höhe von 400 000 Euro belastet?"

"Seit wann besitzt er das Haus ?"

"Seit elf Jahren."

"Dann kann er den Gewinn steuerfrei einstreichen. Bei Einhaltung einer Spekulationsfrist von 10 Jahren zwischen Kauf und Verkauf ist der Veräusserungsgewinn steuerfrei."

Liebe Laura,

aus diesem Gespräch mit 'Edelzwicker' ziehe ich folgenden Schluss: Die Abgeltungssteuer ist ungerecht, da Anleger mit hohem Einkommen mehr von ihr profitieren als Anleger mit niedrigem Einkommen.

In einem Urteil des Bundesgerichtshofes von 1965 steht der Satz:

'Wer die Pflicht hat, Steuern zu zahlen, hat auch das Recht, Steuern zu sparen.'

Deshalb werde ich ab jetzt nach legalen Wegen suchen, auf denen man die ungerechte Abgeltungs - steuer umgehen kann, gemäß dem Motto:

"Lieber auf legale Weise nix als 25 % von x."

Eine legale Steueroase

Liebe Laura,

gestern war ich auf der Ilkahöhe, um einen Tisch für uns zu reservieren. Während ich die weißen Gischtkreise betrachtete, die ein Motorboot in den blauen See malte, wurde mir bewusst: In den vergangenen Wochen hatte ich zwar einige Wege zur Umgehung der Abgeltungssteuer gefunden, nicht jedoch den von mir gesuchten Königsweg. Was ich nicht wusste: Der Königsweg, den ich suchte, war mir schon längst von Steuerinspektor Zwickel auf dem Präsentierteller serviert worden. Als ich seine Aussagen über die Besteuerung von offenen Immobilienfonds noch einmal in Ruhe Revue passieren ließ, fiel bei mir endlich der Groschen. Ich brauchte das, was er mir gesagt hatte, nur noch zu einer *legalen Steueroase* zusammenfügen. Unter ihrem Dach kann man Beträge mit hoher Rendite, geringem Risiko und guter Liquidität anlegen, ohne Abgeltungssteuer zahlen zu müssen. Die Entdeckung dieser legalen Steueroase werden wir im Hotel 'Bayerischer Hof' mit einer Flasche des von Steuerfahnder Zwickel so geschätzten Edelzwickers feiern.

Bei *geschlossenen Immobilienfonds* werden die finanziellen Mittel durch den Verkauf einer begrenzten Zahl von Anteilen aufgebracht. Bei *offenen Immobilienfonds* ist die Zahl der Anteile nicht begrenzt.

Offene Immobilienfonds werden auch als 'Betongold' bezeichnet, da sie als Sachwerte einen Schutz gegen die inflationsbedingte Geldentwertung bieten. Wertsicherungsklauseln in den Mietverträgen garantieren die Ankoppelung der Mieteinnahmen an die Lebenshaltungskosten. Bei steigender Inflation steigen auch die Mieteinnahmen.

Der Anlageschwerpunkt der offenen Immobilienfonds liegt im Bereich von Gewerbeimmobilien (Einkaufszentren, Hotels).

Die amerikanische Immobilienkrise wurde durch Wohnimmobilien verursacht. Weil diese bei offenen Immobilienfonds eine minimale Rolle spielen, hatte die amerikanische Immobilienkrise keine negativen Auswirkungen auf die Immobilienfonds. Während der lawinenartigen Ausbreitung dieser Krise im Jahr 2007 glänzten die deutschen Immobilienfonds durch Spitzenerträge: Nach einer Statistik des Bundesverbands Investment und Asset Management (BVI) erzielten sie eine durchschnittliche Rendite von 5,6 %. Damit übertrafen sie sogar viele Aktienfonds.

Die Immobilienfonds-Untergruppen mit der höchsten Performance findest du über www.onvista.de Derzeit (4/2015) handelt es sich um Immobilienfonds mit den Schwerpunkten 'Europa' und 'internationale Immobilienfonds'. Aus diesen Untergruppen wählst du die den Auswahlkriterien entsprechenden Immobilienfonds aus, zum Beispiel WKN

980705 WKN 980551 WKN 980555 WKN 980701 und WKN 980 700.

Danach berechnest du die durchschnittliche Jahresperformance dieser fünf Fonds. Sie beträgt derzeit (5/2015) 2,60 %. Das Mengenverhältnis von Rentenfonds, Geldmarktfonds und Immobilienfonds kannst du entsprechend dem Verhältnis der Performance von Rentenfonds (11,1 %), Geldmarktfonds (3,59 %) und Immobilienfonds (2,60%) bestimmen. Die Berechnung mit Hilfe der *Gewichtungs-Formel* ergibt für ein Depot von 10 000 € folgende Anteile:

RF: 6419 € , GMF: 2076 € und IF: 1503 €.

Wenn dein *Sparer - Pauschbetrag* verbraucht ist, solltest du Immobilienfonds mit einer steuerfreien Ausschüttung kaufen. Je höher bei einem Immobilienfonds der Anteil ausländischer Immobilien ist, desto größer ist der steuerfreie Anteil seiner Ausschüttung. Wenn alle Immobilien im Ausland liegen, ist die gesamte Ausschüttung steuerfrei. Bei www.onvista.de findest du unter der Rubrik 'Anlageschwerpunkte' den Link 'Breakdowns', mit dem du den Anteil der ausländischen Immobilien abrufen kannst. Wenn du Immobilienfonds kaufst, bei denen alle Immobilien im Ausland liegen, kannst du im Rahmen dieser legalen Steueroase deine Gewinne einstreichen, ohne 'einen einzigen Cent für den Fiskus zu berappen', wie es Steuerfahnder Zwickel beim Blick auf Monaco formulierte.

Der berühmte Regisseur Max Reinhardt war ein Barockmensch, welcher das luxuriöse Leben in einer unnachahmlichen Weise inszenierte. Sein bei Salzburg liegendes Schloss Leopoldskron bildete die prachtvolle Kulisse der von ihm zelebrierten Galaempfänge. Zu einem war auch Fürstenberg eingeladen. Auf dem Weg durch den Schlosspark begegnete er dem Wiener Theaterkritiker Liebstöckl. Auf der Schlosstreppe hörten die beiden hinter sich einen Wagen vorfahren. Ein Diener in Livree öffnete die Tür einer Luxuslimousine, der die Gattin des deutschen Finanzministers entstieg, mit einem sehr tiefen, jedoch enttäuschenden Dekolleté. Fürstenberg sagte:

"Sie erinnert mich an ihren Mann. Der kommt auch immer zu mir mit seinem ungedeckten Defizit."

Vor dem prächtigen Schlossportal stand der Regisseur, mit feierlicher Miene, flankiert von zehn Dienern in weiß-roten Uniformen, die Fackeln trugen. Der Theaterkritiker begrüßte ihn, wies mit der Hand auf die Fackeln und sagte:

"Kurzschluss?"

Vom gleichen Autor:

Constance, Wolfgang   Englisch in 10 Tagen -
Sprachkurs mit einer
neuen Methode
2012
Französisch in 10 Tagen
2014
Spanisch in 10 Tagen
2014
BoD Verlag

Costanza, Wolfgang   Italienisch in 10 Tagen
2010
BoD Verlag

Literaturempfehlung

Fürstenberg, Hans   Carl Fürstenberg
Anekdoten -
Ein Unterschied muss sein
1984
Econ Verlag